W0403728

Jean FERRÉ,
Philippe LEROUX
et Bernard PHILIPPE

RÉUSSIR LE B.E.E.S. 1

100 sujets d'examen résolus

@mphora
27, rue Saint-André des Arts – 75006 PARIS

Conception : S. Galopin

Imprimé en Europe par EPEL (Hendaye)

© **Éditions Amphora,** février 2003
ISBN : 978-2-85180-610-9

SOMMAIRE

LE CADRE INSTITUTIONNEL SOCIO-ÉCONOMIQUE ET JURIDIQUE (ORAL)

GESTION, PROMOTION, COMMUNICATION LIÉES AUX CHAMPS D'ACTIVITÉS DES APS (ORAL)

L'ESPRIT SPORTIF (ORAL)

Quelle fierté de présenter cet ouvrage original et fonctionnel écrit par des hommes passionnés au service du monde sportif.

Préparer individuellement un B.E.E.S. est une démarche enrichissante de par la maîtrise personnelle qu'elle requiert. Ce précieux guide vous conduira de la meilleure façon sur les chemins de la connaissance de soi et des autres et de l'optimisation de la performance.

Plus que vous aider à réussir l'examen, cet outil vous donnera l'envie et la matière pour faire de vous des éducateurs attentifs et efficaces.

Pour ma part, les ouvrages de Philippe Leroux, Jean Ferré et Bernard Philippe m'ont donné le goût de transmettre mon vécu de joueur en m'appuyant sur des connaissances scientifiques indispensables.

Je ne serai donc pas surpris de la réussite de cet ouvrage et de la vôtre...

Dominique Bijotat

- médaille d'or aux J.O. de Los Angeles en 1984

- 8 fois international A de football

RÉUSSIR

AVANT-PROPOS

■

EXAMEN DU BEES 1, TRONC COMMUN

■

LA PRÉPARATION DE L'ÉCRIT ET DE L'ORAL

AVANT-PROPOS

L'examen de la formation commune du Brevet d'État d'Éducateur sportif 1er et 2e degré (BEES1 et BEES2) est devenu régional depuis quelques années (1993). Chaque région organise le nombre de sessions qu'elle souhaite et a l'entière responsabilité des questions posées, tant écrites qu'orales. Autrement dit, sur la base d'un programme établi par le Ministère de la Jeunesse et des Sports (annexe II de l'arrêté du 27 juin 1995) chaque région organise son propre examen.

Le niveau de réussite montre à l'évidence les difficultés qu'ont les candidats à préparer correctement ces échéances (50 % environ de réussite).

Il est certain que nombre d'entre eux, ne pouvant entrer dans des sessions organisées sous le mode du contrôle continu des connaissances, se retrouvent livrés à eux-mêmes,sans préparation ni aide pédagogique de formateurs. Ils travaillent seuls ou presque, ne sachant pas très bien les contenus exacts des épreuves voire les modalités de passage de l'examen lui-même.

Aujourd'hui la passion de sa discipline sportive et l'amour du sport en général ne suffisent plus en regard des exigences du diplôme du tronc commun. Les constats des jurys se résument principalement à « un manque de connaissances et/ou un manque de méthode ».

Jurys nous-mêmes aux différentes sessions de formation commune, nous sommes régulièrement témoins des difficultés des candidats à organiser leurs savoirs, à structurer leurs pensées, à concilier leurs connaissances théoriques avec leurs savoirs pratiques issus du terrain.

Il y avait en ce domaine un travail à effectuer pour tenter de les aider à mieux aborder cette première partie du BEES.

Profitant d'une nouvelle réforme des textes, il nous a semblé intéressant de mettre un outil sérieux entre leurs mains, dépassant de simples annales, devenues caduques aujourd'hui.

Ce manuel ne recense pas toutes les questions possibles. Il n'a pas cette prétention et ce, comme nous l'avons expliqué ci-dessus, parce que l'examen est déconcentré dans chaque région.

Nous avons étudié le programme défini en annexe 2 de l'arrêté du 27-6-95. Pour chaque grand thème et pour chaque grande tête de chapitre, nous avons tenté de cerner le type de questions qui pouvaient être retenues. Nous les avons formulées comme il convient qu'elles le soient aujourd'hui, suite aux travaux du groupe-ressource (« Propositions méthodologiques à l'usage des formateurs et des membres des jurys d'examen de la formation commune des Brevets d'État d'Éducateur »).

Même si les conclusions n'ont « d'autres prétentions que d'être une aide à la réflexion des membres des jurys » elles disent clairement que « les libellés des sujets ne doivent pas conduire à la récitation de connaissances mais à l'analyse de l'activité du pratiquant sportif éclairée par des savoirs scientifiques » (p. 11).

Aussi complet que possible en regard de la lecture que nous avons faite du programme,
chaque thème :

1. sciences biologiques
2. sciences humaines
3. cadre institutionnel, socio-économique et juridique
4. gestion, promotion, communication liées aux champs d'activité des A.P.S.
5. l'esprit sportif

présente de véritables questions d'examen.

Nous donnons un plan détaillé des connaissances minimales que le candidat doit développer pour obtenir la moyenne.

Ainsi en parcourant les-dites réponses, le candidat embrasse l'ensemble du programme du tronc commun.

Si les réponses ne sont pas développées in extenso, c'est par souci de concision, chacun pouvant aller approfondir son savoir (manque de savoir) dans des livres spécialisés (voir tomes 1, 2 et 3 dans la même collection).

Nous ne prétendons pas à l'exhaustivité des réponses, elles sont le fruit de notre savoir et de notre traitement personnel du questionnement. Notre souci étant moins d'être encyclopédique (ce qui est loin de notre pensée) que d'être clair et pertinent pour le futur candidat, livré à lui-même, dont le souci se résume à étoffer ses propres réponses avec des arguments simples, reproductibles un jour d'examen.

> *« Ce qui est simple est faux*
> *Ce qui ne l'est pas est inutilisable » écrivait Paul Valéry.*

Puissions-nous avoir atteint ce but !

Les auteurs

Jean Ferré, Philippe Leroux, Bernard Philippe

EXAMEN DU TRONC COMMUN BEES 1

I. Les textes officiels

Arrêté du 27-6-95 modifiant l'arrêté du 30-11-92 fixant les conditions et les modalités d'obtention du Brevet d'État d'Éducateur Sportif à trois degrés en application du décret n° 91-260 du 7-3-91 modifié relatif à l'organisation et aux conditions de préparation et de délivrance du Brevet d'Éducateur Sportif.

Article premier : l'article 13 de l'arrêté du 30-11-92 modifié susvisé est remplacé par les dispositions suivantes :

« **Article 13 :** le candidat à la partie commune du BEES premier degré doit satisfaire à des épreuves portant sur le programme des connaissances fixé en annexe 2 au présent arrêté. Cet examen comprend :

« **A. – Une épreuve écrite (durée : 2 heures, coefficient 2).** L'épreuve écrite comporte deux questions (notées sur 20, affectées chacune d'un coefficient 1) relatives à l'activité du pratiquant. Pour répondre à ces questions, le candidat fait référence aux connaissances issues des sciences biologiques et des sciences humaines nécessaires à l'éducateur sportif.

B. – Une épreuve orale (préparation : une heure, exposé : dix minutes maximum par thème ; coefficient 2) : L'épreuve orale comporte plusieurs questions portant sur trois thèmes :

- le cadre institutionnel, socio-économique et juridique dans lequel s'inscrit la pratique des activités physiques et sportives ;
- gestion, promotion, communication liées aux champs d'activités des activités physiques et sportives (A.P.S.) ;
- l'esprit sportif. »

II. L'écrit de la formation commune

L'écrit comporte deux questions à traiter en deux heures, soit logiquement une heure par question. C'est un exercice difficile qui nécessite un entraînement approprié. L'expérience montre que beaucoup de candidats se font piéger par le temps et négligent la 2e question.

2.1. Le libellé des questions

Une instruction (n° 91-014 du 14 janvier 1991) précisait que « la formulation des sujets des épreuves écrites de formation commune et de formation spécifique doit refléter la volonté d'opérer un véritable questionnement permettant de vérifier chez le candidat non seulement ses savoirs et sa capacité de recours à la mémoire, mais aussi sa capacité d'utilisation de ses savoirs qui doit l'aider à traiter la question posée ».

Autrement dit le savoir par cœur, restitué sans application pratique n'est pas suffisant. Une certaine dérive des questions posées et la trop grande disparité des libellés amenèrent à la constitution d'un groupe de recherche (groupe-ressources) qui précisa les règles d'usage dans un guide : « Propositions méthodologiques à l'usage des formateurs des jurys d'examen de la formation commune des BEES ». Les conclusions sont très intéressantes et éclairent sur les attentes des jurys.

... l'épreuve écrite de la formation commune BEES1

p. 11 ...Les libellés des sujets ne doivent pas conduire à la récitation des connaissances mais à l'analyse de l'activité du pratiquant sportif, éclairée par des savoirs scientifiques.

p. 12 ...Autrement dit la formulation du sujet ne doit pas inciter à réciter des connaissances pour elles-mêmes. Elle doit mettre en évidence un problème de terrain, une situation pratique, un exemple concret..., que le candidat devra reconnaître, expliciter et « traiter » en présentant des arguments (connaissances scientifiques mais aussi savoirs pratiques) qui seront, le plus souvent possible, illustrés par des exemples. »

Les questions ne peuvent plus seulement être que des questions de cours mais des problèmes de terrain explicités par des connaissances issues des domaines scientifiques (sciences biologiques et sciences humaines).

2.2. Les critères et la grille d'évaluation

p. 15 « ... Les candidats doivent être capables :

- d'identifier le problème essentiel posé par le sujet ;
- d'organiser leur réponse et de la présenter suivant une logique se concrétisant par le plan du devoir ;
- de démontrer qu'ils peuvent argumenter leurs propos à l'aide de connaissances scientifiques ;
- de décrire de façon claire et précise les pratiques physiques et sportives en utilisant des exemples concrets ;
- de faire valoir une expression écrite correcte.

Il est donc souhaitable que les devoirs comprennent :

1°) une petite introduction dans laquelle est identifié le problème essentiel posé par le sujet et qui présente succinctement le plan qui va organiser la réponse,
2°) un développement où sont présentés les arguments qui fondent la réponse,
3°) enfin, une conclusion succincte, moment de synthèse, permettant de nuancer et de replacer dans un contexte élargi les réponses apportées. »

Le questionnement de l'examen de la formation commune du BEES1, est ainsi clairement précisé, uniformément admis sur l'ensemble des régions. Chaque candidat est capable de le préparer en toute connaissance de cause, informé des attentes du jury.

III. L'oral de la formation commune

Ainsi que le précise le texte de l'arrêté du 27-6-95, l'oral comporte plusieurs questions portant sur trois thèmes : préparation d'une heure, exposé de dix minutes maximum par thème (voir nota bene).

Le guide « Propositions méthodologiques... » précise :

p. 28 ...« Les épreuves orales : elles sont construites à partir d'un même modèle : il s'agit pour le jury, dans un premier temps, d'écouter un exposé puis, dans un deuxième temps, de conduire un entretien. »

Les critères d'évaluation de l'oral sont identiques à ceux de l'écrit, cependant les candidats doivent en plus :

p. 35 ...« – faire valoir une expression orale correcte (utilisation judicieuse des mots qui montre que leur sens est maîtrisé) ;

– être capable d'utiliser au mieux le temps alloué pour l'exposé ;

– être capable de comprendre au cours de l'entretien, les questions posées par le jury, d'y répondre et de démontrer une habileté à dialoguer, à échanger des idées, à défendre un point de vue ».

N.B. : La formulation de l'épreuve (exposé : 10 minutes par thème) a pu amener certains centres d'examen à ne pas permettre un entretien avec le jury. Il semble que cette interprétation du texte a été trop restrictive et qu'un entretien post-exposé soit toujours envisagé.

Annexe n° 2 de l'arrêté du 27 juin 1995

Programme des connaissances minimales nécessaires à l'éducateur sportif du 1er degré

Le programme vise, par une approche globale du comportement, à éclairer le futur éducateur sportif, sur le pratiquant en relation « d'apprentissage moteur » et de pratique des activités physiques et sportives à partir de données :

- biomécaniques,
- physiologiques,
- psychologiques.

Il vise également à élargir le champ des connaissances de celui-ci à partir de notions de gestion, de promotion et de communication.

En dernier lieu, il promeut l'esprit sportif.

I. Sciences biologiques

- d'un point de vue biomécanique dans une perspective d'efficacité du geste sportif et de prévention :
  - notions générales de biomécanique : à partir d'un langage conventionnel, privilégier le discours d'anatomie fonctionnelle en évoquant également les principes de sécurité ;
- d'un point de vue physiologique :
  - les principales adaptations de l'organisme à l'effort :
- notion d'entraînement : définition et mise en place d'objectifs, de cycles, de séances, d'exercices, de tests d'évaluation,
- notion de prévention et de récupération,
- règles d'hygiène (alimentation, réhydratation, sommeil, soins corporels, dopage...).

II. Sciences humaines

- connaissance et compréhension des différents publics :
  - identification des caractéristiques d'un public : aptitude, motivations, représentations de l'activité,
  - identification des déterminants essentiels historiques, sociologiques, culturels qui influencent les comportements du public ;
- animation d'un groupe ou d'un public :
  - analyse des attentes du public,
  - définition d'un programme d'actions et d'animations,
  - animation, suivi et évaluation de l'ensemble des animations du projet,
  - analyse des résultats ;
- enseignement des activités physiques et sportives :
  - définition des objectifs, des contenus, des méthodes d'intervention en vue d'un apprentissage ou d'un perfectionnement technique en fonction du public et de son environnement,
  - mise en œuvre de pratique cohérente par rapport aux objectifs,
  - efficacité dans les transmissions de savoirs,
  - régulation de son mode d'intervention,
  - la relation à l'autre ou au groupe.

III. Cadre institutionnel, socio-économique et juridique

– les principaux acteurs socio-économiques et politiques à l'échelon national, régional et local, intervenant dans le domaine des sports et des loisirs, leurs missions, leurs rôles et leurs compétences ;

– les différentes réglementations sportives ;

– l'environnement juridique de l'activité (institutionnel, législatif, réglementaire, conventionnel) :
  - connaissance des caractéristiques de la profession d'éducateur sportif (les différents statuts permettant l'exercice de la profession, les notions essentielles de droit du travail, la réglementation spécifique aux A.P.S., les principales règles fiscales et sociales se rapportant à la pratique),
  - le cadre législatif et réglementaire de l'organisation des A.P.S.,
  - la réglementation française des A.P.S. et celle de l'union européenne.

IV. Gestion, promotion, communication liées aux champs d'activités des A.P.S.

– gestion de projet :
  - les premiers éléments d'un cahier des charges concernant un projet,
  - les points critiques dans le déroulement d'un projet ou d'un dossier,
  - les coûts et les moyens,
  - les moyens correspondant à chaque tâche,
  - le planning de gestion du projet considéré,
  - la logistique d'un événement de dimension réduite (transport, hébergement, approche des publics, gestion du matériel) ;

– notions d'administration d'une structure « employeur » (publique, associative, commerciale) ;

– actions de promotion relatives à son champ d'activité :
  - animation et mise en œuvre ;

– les techniques de communication :
  - accueil,
  - mise en forme de messages simples (affiche, annonce, journal électronique...), de messages promotionnels,
  - utilisation des circuits locaux de communication pour valoriser un événement et la structure « employeur ».

V. L'esprit sportif

– nécessité et importance de l'arbitrage ; arbitre, un rôle essentiel pour organiser et protéger le jeu ;

– notions générales d'arbitrage ;

– respect d'autrui :
  - de l'arbitre et de ces décisions,
  - des adversaires et de leurs différences (bannir les agressions verbales ou physiques, les commentaires incorrects, les gestes déplacés et valoriser l'élégance du geste et du comportement) ;

– les nouveaux problèmes de société :
  - accueil des populations sensibles (quartiers difficiles, publics défavorisés...).

LA PRÉPARATION DE L'ÉCRIT ET DE L'ORAL

Le jour de l'examen, dès la distribution des sujets, il est courant de voir les candidats se précipiter pour lire les questions posées. Après un survol rapide, ils s'engagent dans la réponse. Que de déceptions seraient évitées avec plus d'attention ! Car quelle que soit la qualité rédactionnelle, la note demeurera insuffisante si les candidats ne comprennent pas, ou que très partiellement, le problème posé.

Cela peut aller du contresens (hors sujet) à la digression (évasion temporaire hors du sujet) jusqu'à l'omission (oubli important d'une partie de la réponse).

Sans avoir la prétention de donner LA solution idéale pour obtenir le tronc commun, notre expérience de formateurs nous a amené à penser qu'un minimum de stratégie doit être élaboré pour se garantir une chance réelle de réussite, aussi bien à l'écrit qu'à l'oral.

I. L'écrit

Le candidat ne doit jamais oublier que sa copie est destinée à être lue par un correcteur... qui n'y connaît rien ! Cette boutade mise à part, le candidat doit poser le sujet du débat, guider le lecteur tout au long de sa démonstration et l'intéresser à ses idées.

À cet effet, le temps imparti n'est que d'une heure par question. C'est court (souvent trop court) et ce, d'autant plus qu'on sait beaucoup de choses. Il est impératif de s'organiser pour être efficace, de gérer le temps afin d'éviter confusion et dispersion.

Tentons le pari de chronométrer les différents moments de cette épreuve ; pour les différentes étapes, le minutage demeure incitatif mais son respect permettra d'éviter bien des erreurs.

1. La lecture de la question : 3 à 5 minutes

C'est une évidence : seule une lecture attentive et approfondie permet d'interpréter correctement le sujet posé. Surtout ne pas se jeter « tête baissée » dans une analyse superficielle. Après cette première lecture, prendre plusieurs profondes inspirations pour calmer son excitation.

Ensuite, renouveler une analyse approfondie, méthodique avec :

- d'une part, le repérage des mots clés ;
- d'autre part, la mise en évidence de la problématique. Il faut se demander : « Qu'attend-on dans cette question ? Quel est le sens de ce questionnement ? »

Attention à bien saisir ce que l'on demande, à mettre en lumière la démarche à suivre : s'agit-il d'une démonstration ? d'une comparaison ? d'une critique ? d'une discussion ?...

Doit-on donner un avis personnel ?

Ne jamais escamoter ce premier temps, il est la base de votre réflexion : il est la délimitation du sujet.

2. La recherche des idées : 10 à 15 minutes

Cette appréciation sérieuse du sujet accomplie, il convient alors de noter, sur le brouillon, toutes les idées qui surgissent, même si elles peuvent apparaître éloignées du thème, c'est un moment dans lequel on note les éléments constitutifs du problème. C'est la matière brute qui servira de base au devoir. L'annotation se fait en colonnes, mot à mot : les idées, les notions, les exemples sont écrits dans le désordre.

Certains ont appelé cet instant le « remue-méninges » ! Ce premier jet réussi, une recherche plus élaborée est nécessaire, en se concentrant sur les différents aspects du sujet qui ont été soulignés. Les dernières trouvailles seront plus longues à venir mais attention à ne pas dépasser le temps-limite accordé (il nous reste encore quarante «bonnes» minutes).

3. L'élaboration d'un plan : 8 à 10 minutes

Il s'agit maintenant de trier, de ne retenir que l'essentiel en rejetant l'accessoire ou l'inutile. Il faut regrouper les matériaux autour de deux ou trois grandes idées générales qui structureront le devoir. C'est le moment de l'organisation du plan : les différentes parties vont s'articuler, permettant l'émergence des idées principales.

N'oubliez pas que le temps imparti est limité à une heure : on ne peut tout dire, il faut faire des choix. Ce « plan-squelette » est l'ossature du futur développement.

4. La rédaction : 30 à 35 minutes

La course contre la montre se poursuit. Il n'est pas question de rédiger sur le brouillon.

Le temps passé à transcrire sur la copie d'examen est du temps perdu. Chaque année, bon nombre de candidats se laissent piéger et remettent (inutilement) leur feuille de brouillon dans leur cartable.

Seules, l'introduction et la conclusion seront rédigées sur le brouillon.

4.1. L'introduction

Elle doit être courte, de quelques phrases seulement. En se rappelant que le lecteur est « ignorant », le sujet doit être posé : il faut éclairer la lanterne du correcteur. Il est classique de partir d'une idée générale pour focaliser sur le problème posé, sous forme d'interrogations. De plus, elle annonce le plan du devoir (les grandes lignes du développement).

4.2. La conclusion

Il faut la rédiger en totalité avant la rédaction du développement. Elle est trop souvent abandonnée, sacrifiée par manque de temps. C'est une grossière erreur car la conclusion est la réponse finale au sujet posé, aux questions émises en introduction. Elle montre que la problématique a été examinée et qu'elle a été éclairée par des arguments solides.

Enfin, la conclusion est le dernier maillon qui relie au correcteur, c'est la dernière impression de la copie qu'il garde.

4.3. La rédaction du développement

Introduction recopiée et conclusion prête, c'est la phase d'écriture directe sur la copie d'examen, à partir du « plan-squelette » élaboré. Il sert de canevas. Attention ! il faut un minimum d'entraînement pour réaliser cet exercice (qui peut amener ratures et gribouillages). Mais sans cette manière d'opérer, il vous manquera toujours du temps !

Quelques points fondamentaux sont à respecter :

- le style : le plus simple possible. Pas de phrases interminables, mal construites, maladroites. Éviter abréviations et tournures trop familières. Soyez précis et concis ;
- le vocabulaire : n'employer que des mots connus, justes. Le pire : un mot difficile (un « gros » mot) mal orthographié – qui démontre la méconnaissance du terme ;
- l'orthographe : souvent maltraitée, torturée, ignorée elle est le vecteur du sens des mots. Un effort indispensable est nécessaire (même si d'aucuns pensent qu'elle devrait être réformée) ;
- la mise en page, la ponctuation et l'écriture : chacun doit être conscient de leurs importances. Une copie difficile à déchiffrer, à la suite d'un paquet d'autres tout aussi « délicates », n'incite pas à l'indulgence du correcteur. Si en plus, elle comporte des ratures, c'est assez mal engagé !

Une copie doit être propre, lisible, avec une marge (Il faut noter que les copies d'examen sont blanches, sans repère. Afin d'écrire droit, préparer une feuille sur laquelle seront tracées des lignes vous permettant, une fois glissée sous la copie, de rédiger proprement, sans vague).

5. La relecture : 2-3 minutes

Tout aussi indispensable, elle permet les dernières corrections orthographiques, permet de vérifier qu'aucun mot n'a été oublié et que la ponctuation est correcte.

Finalement, qu'est-ce qu'une « bonne » copie ?

C'est une copie qui présente :

1. une introduction :
- entrée en matière large,
- délimitation du problème posé,
- annonce du plan,

2. un développement :
- plusieurs parties étayant la démonstration, réponses aux questions posées,

3. une conclusion :
- bilan de la démonstration,
- opinion personnelle,
- ouverture vers des thèmes plus généraux.

Cet entraînement « chronométré » est indispensable pour qui veut tenter d'être prêt pour l'examen. Une heure est très vite passée, trop vite pour qui possède des connaissances et aucune préparation à l'écrit.

Résumons les 5 étapes du traitement d'une question :

1) lecture-compréhension du sujet (3-5 minutes),
2) recherche des idées (10-15 minutes),
3) élaboration du plan (8-10 minutes),
4) rédaction et mise en forme (30-35 minutes),
5) relecture (2 minutes).

II. L'oral

Les étapes précédentes de l'écrit peuvent être suivies jusqu'à l'étape 4 où la rédaction est escamotée pour faire apparaître un plan détaillé.

1. À l'oral, que faut-il écrire sur sa feuille ?

Comme il ne s'agit pas d'une épreuve de lecture, seule la rédaction d'un plan détaillé s'impose. Il s'agit de pouvoir jeter un œil sur le plan posé devant soi (attention au tremblement des feuilles tenues par des mains fébriles et dénotant une appréhension certaine : mains à plat sur le bureau, feuillets devant soi) et de parler librement tout en regardant le jury.

- Il convient d'avoir des titres et des paragraphes très lisibles avec possibilité d'employer la couleur pour mieux les différencier.
- Il est souhaitable d'écrire l'introduction et la conclusion pour éviter les hésitations et les bafouillages, préjudiciables à l'expression orale.
- N'utiliser que le recto des feuilles afin de pouvoir les faire glisser l'une sur l'autre en fin de page (l'œil va plus vite que la parole). Il n'est rien de plus crispant pour un jury-auditeur que le candidat qui retourne ses feuilles dans tous les sens pour retrouver un paragraphe, une idée...

2. L'expression orale dans l'exposé

Soyez naturel, sans emphase excessive. Avant d'entrer face au jury, inspirez profondément pendant quelques minutes pour calmer votre angoisse (légitime) afin d'entamer l'oral dans les meilleures dispositions.

Varier vos intonations : baisse en fin de phrase ou de paragraphes, augmentation sur une idée-forte... Un oral doit être vivant, vous devez convaincre, intéresser.

Les jurys « passent » de nombreux candidats, les uns derrière les autres : il faut les sortir du train-train, d'une possible lassitude due au défilé des candidats.

Le silence fait également partie de l'oral. Pas celui interminable de l'ignorant mais celui qui rythme le débit de la parole. Un débit continu et monocorde ne rend pas le discours passionnant.

3. L'entretien après l'exposé

Avant tout garder son calme (facile à dire !), le jury cherche à questionner le candidat afin de se faire réexpliquer, se faire préciser ce qui a été dit, mais aussi pour élargir certains aspects particuliers du problème posé. Pour des questions embarrassantes, afin de gagner du temps, de mieux réfléchir, le candidat peut lui-même reformuler la question posée par le jury.

Exemple : « Vous me demandez ce que je pense aujourd'hui du problème du dopage dans le sport moderne ?

Eh bien, je vous répondrai que... »

Naturellement, à ne pas faire à chaque question posée !

Cet entretien peut se préparer en envisageant les « ouvertures » du sujet, après l'exposé, par le jury.

Les mots utilisés sont maîtrisés : attention aux « gros mots » dont le candidat ne peut donner une définition. À ce point de vue, l'oral ne pardonne pas (contrairement à l'écrit).

Si votre opinion est solidement étayée, si votre point de vue est correctement défendu, tout en acceptant les arguments différents des vôtres, le jury saura valoriser votre prestation. À l'évidence, aucune opinion ou une opinion versatile, changeante au gré de la discussion n'est pas recommandée.

III. À propos de l'écrit

Traiter deux questions en deux heures demeure un exercice très difficile. Le temps est un facteur limitant de la qualité des copies. Les auteurs souhaitent qu'à terme soit une seule question pour les deux heures, soit deux questions en deux fois une heure et demie (avec un temps de repos d'environ quinze à trente minutes) puissent être institués afin de mieux répondre aux exigences des textes (mobilisation de connaissances issues des domaines scientifiques et pratiques en vue d'argumenter les réponses).

Pour résumer, quelques conseils

1. Lire attentivement la question pour bien la comprendre.
2. Relire encore plus attentivement la question pour mieux la comprendre.
3. Souligner les mots clés.
4. Se demander : « Qu'attend-on dans la réponse ? », ce qui permettra de définir les buts de la question posée.
5. Jeter les idées en vrac sur le brouillon (le « remue-méninges »).
6. Réfléchir plus posément sur les mots soulignés et compléter les idées déjà retenues.
7. Élaborer la construction d'un plan, en regroupant les matériaux écrits en vrac par grands thèmes.
8. Éliminer l'accessoire et l'inutile car une heure ne permet pas de tout écrire sur le sujet.
9. Rédiger impérativement introduction et conclusion sur le brouillon.
10. Écrire directement le développement sur la copie d'examen, de manière lisible, aérée, sans rature, ni verbiage superflu, en laissant une marge.
11. Relire lentement sa copie et corriger l'orthographe (les points 10 et 11 ne concernent que l'écrit).

REUSSIR

1

■

SCIENCES BIOLOGIQUES (ÉCRIT)

■

PRÉSENTATION

1re PARTIE :
BIO-MÉCANIQUE : Questions 1 à 3

2 e PARTIE :
NOTIONS D'ENTRAINEMENT : Questions 4 à 13

3 e PARTIE :
NOTIONS DE PRÉVENTION ET RÉCUPÉRATION : Questions 14 à 16

4 e PARTIE :
RÈGLES D'HYGIÈNE : Questions 17 à 20

I. Le programme de Sciences Biologiques :

Rénové en juin 95, ce programme n'a pas été rendu plus clair et plus cohérent. Bien au contraire, la suppression des avant-propos (les « chapeaux » qui précisent l'esprit dans lequel il a été conçu et les attentes des compétences d'un breveté d'État) n'aide pas à une vision synthétique des connaissances à acquérir.

Deux points sont à relever :

- **une approche globale du comportement du pratiquant en relation d'apprentissage moteur ;**
- **des contenus de connaissances minimales nécessaires à l'éducateur sportif.**

Appliquées aux sciences biologiques, cela se traduit par :

- **des notions générales de biomécanique ;**
- **des principales adaptations de l'organisme à l'effort :**
  - notions d'entraînement,
  - notions de prévention et récupération,
  - règles d'hygiène.

Observations :

- **le système nerveux n'apparaît plus en tant que tel dans le programme des connaissances minimales. Est-il concevable de méconnaître voire d'ignorer le bio-informationnel ? En tant que formateurs, nous incitons les futurs candidats à acquérir de solides notions sur le système nerveux (même si l'écrit ne l'impose pas) ;**
- **dans les textes officiels, une question écrite exclusivement Sciences Biologiques n'apparaît pas. Il est possible d'entrevoir cette épreuve selon deux stratégies :**
  - soit 2 questions faisant appel chacune à des connaissances et de sciences biologiques et de sciences humaines : sujet transversal. Exemple : quelles connaissances d'un public adolescent un éducateur sportif doit-il maîtriser ?
  - soit deux questions dont l'une est à dominante sciences biologiques, l'autre sciences humaines.

Dans cet ouvrage, nous avons orienté notre choix sur un traitement thématique (option la plus répandue dans les différentes régions) tout en sachant que certaines questions sont d'approche « transversale » : les différents publics, le dopage, les émotions...

De cet amalgame sans véritable ligne directrice, nous en retirons les éléments suivants :

- efficacité du geste sportif,
- prévention,
- langage conventionnel,
- anatomie fonctionnelle,
- principes de sécurité, ce qui implique que le candidat prend en compte deux idées importantes :
  - se préoccuper d'être le plus près possible des réalités du terrain,
  - se soucier de manière permanente de la sécurité et de la prévention dans la pratique des A.P.S.

II. Conséquences pratiques :

Les témoignages relatifs aux expériences et au vécu (savoir-faire) personnel sont essentiels mais doivent répondre à certaines exigences car les exemples ne sont pas de simples anecdotes : ils sont décrits, analysés et commentés. Exemples :

– **un exercice physique proposé montre :**
- une position de départ,
- une description de l'exercice lui-même,
- des observations (quantification de l'effort-récupération), sans omettre de resituer :
  - l'âge et le sexe des pratiquants,
  - la discipline sportive,
  - le niveau de pratique,
  - la place de l'exercice dans la séance et la programmation de l'entraînement ;

– **si un muscle est cité, préciser :**
- sa dénomination,
- sa situation (origine-terminaison),
- sa fonction ;

– **si une articulation est décrite, suivre ce mini-plan :**
- dénomination-situation,
- surfaces articulaires,
- moyens d'union,
- muscles moteurs,
- traumatologie-prévention.

Par expérience et pour avoir préparé de nombreux candidats à l'examen (en leur proposant des questions d'écrit) nous nous permettons les observations suivantes :

1. Les références aux connaissances théoriques sont nécessaires mais :

– elles doivent être énoncées clairement (pas de verbiage pseudo-scientifique, pas de jargon mal maîtrisé) ;

– elles ne doivent pas être plaquées artificiellement, elles doivent correspondre au thème de la question (exemple : l'aérobie – l'anaérobie – l'A.T.P. ne sont pas à mettre dans toutes les réponses) ;

– même si la dominante est sciences biologiques, il ne faut pas hésiter à faire référence à d'autres champs du programme (sciences humaines, esprit sportif...) ou de culture générale (se garder toutefois d'affirmations gratuites ou de banalités).

Quelques conseils complémentaires :

– s'il y a des schémas : ils sont clairs, expliqués, titrés ;

– il faut s'entraîner à rédiger et à composer dans les temps de l'examen (une heure) ;

– si possible se faire corriger ses devoirs et recomposer sur le même sujet ;

– attention à l'emploi d'un langage trop commun : « les reins » pour la colonne lombaire, « la jambe » pour le membre inférieur...

III. La partie « sciences biologiques » de ce manuel :

Nous présentons, à titre informatif, ce qui aurait pu être le « fil rouge » du programme du brevet d'État. Il est, à nos yeux, la façon de comprendre le sportif donc de l'étudier (voir tome 2 préparation au brevet d'État J. Ferré, Ph. Leroux).

Afin de ne pas perturber les futurs candidats, nous avons regroupé nos questions dans les rubriques du texte officiel :

1. notions générales de biomécanique :

➡ questions SB1 à SB3

2. les principales adaptations de l'organisme à l'effort :

– Notions d'entraînement :

➡ questions SB4 à SB13.

– Notions de prévention et de récupération :

➡ questions SB14 à SB 16.

– Règles d'hygiène :

➡ questions SB17 à SB 20.

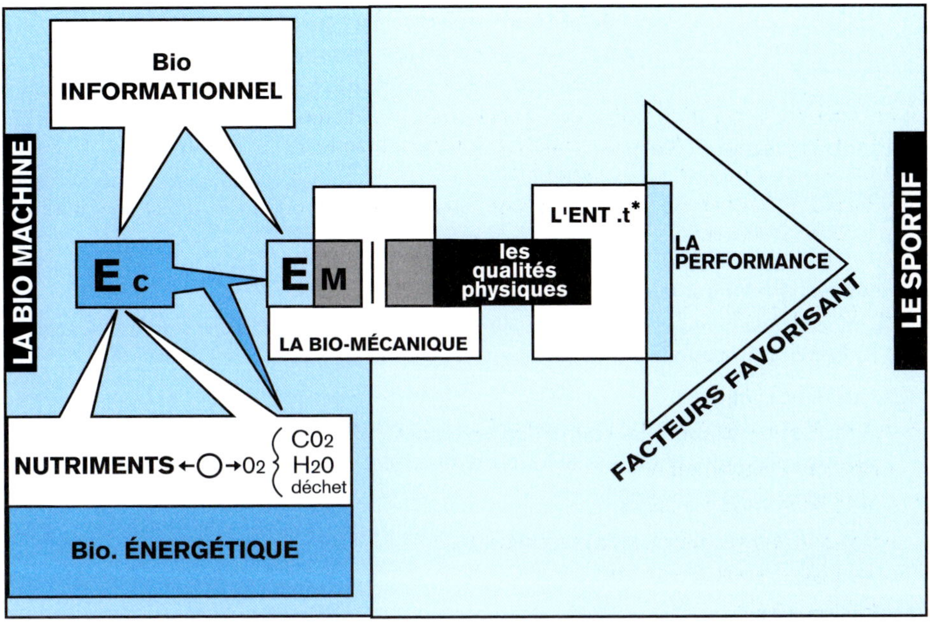

*l'entraînement

" LE FIL ROUGE "

QUESTION 1

On considère souvent la colonne vertébrale comme un « axe de soutien rigide » du corps.
En vous appuyant sur une analyse descriptive et fonctionnelle de la colonne vertébrale, justifiez les précautions prises dans le cadre d'une pratique sportive régulière.

mots-clés de la QUESTION

COLONNE VERTÉBRALE – AXE DE SOUTIEN RIGIDE
ANALYSE DESCRIPTIVE ET FONCTIONNELLE
PRÉCAUTIONS – PRATIQUE SPORTIVE

La colonne vertébrale (CV) :

– **axe osseux :**
  • solide : reliant la tête au bassin pour la transmission des forces,
  • souple : mobilité du tronc ;

– **support postérieur de la cage thoracique : la respiration ;**

– **protection de la moelle épinière : système nerveux central (lésions possibles) et périphérique (distribution nerveuse).**

1. Analyse descriptive :

– **le rachis : empilage d'os courts (les vertèbres), reliés par des moyens d'union (les disques, les ligaments), sur lesquels s'attachent de nombreux muscles.**

On distingue 33 à 35 vertèbres :

• 24 mobiles :
  7 cervicales
  12 dorsales
  5 lombaires
• 9 à 11 soudées : 5 sacrées (sacrum)
  4 à 6 coccygiennes (coccyx) ;

– **la CV présente des courbures :**
  • cervicale : lordose,
  • dorsale : cyphose,
  • lombaire : lordose,
  • sacro-coccygienne : cyphose ;

– **la CV s'articule :**
  • par l'occipital et C1 (atlas),
  • par les vertèbres entre elles (plus côtes au niveau thorax),
  • entre les os iliaques et le sacrum ;

– **le disque intervertébral : situé entre deux vertèbres, c'est un élément fibro-cartilagineux (un anneau avec en son centre un noyau) jouant un rôle d'amortisseur et de stabilisateur ;**

– **au centre de cette gaine osseuse, se situe la moelle épinière distribuant les nerfs rachidiens.**

2. Analyse fonctionnelle :

– **la multiplication des articulations assure la mobilité mais confère une relative fragilité ;**

– l'étage cervical est le plus mobile, l'étage dorsal le moins mobile ;

– la tête est très mobile autour du complexe C1-C2 (atlas-axis) ;

– les différents mouvements :

- la flexion : les muscles abdominaux,
- l'extension : les muscles profonds des gouttières vertébrales (muscles spinaux),
- l'inclinaison : le carré des lombes et les obliques (trapèze),
- la rotation : le trapèze, les obliques, le sterno-cléido-mastoïdien ;

– si l'ensemble des courbures du rachis confère solidité et souplesse, il est primordial de respecter ces courbures : pas d'accentuation (il existe 2 courbures pathologiques : la cyphose ➡ « bosse du dos », la scoliose ➡ déviation latérale anormale) ;

– les particularités de la CV :

- le grand nombre d'articulations (70 cm de longueur),
- les courbures,
- la spécificité fonctionnelle du disque intervertébral,
- la constante mobilisation (« mal de reins chronique », lumbago, hernie discale sont des pathologies courantes) d'où précautions indispensables dans la vie courante mais aussi dans la vie sportive régulière.

3. Précautions :

– premier conseil essentiel : le respect des courbures vertébrales dans les soulevers de charge :

- « serrer sa charge »,
- dos droit (fixation de la CV, bassin placé, ni antéversé ni rétroversé ➡ tonification des abdominaux),
- placer ses appuis : pas de rotation ou torsion de la CV,
- soulever avec ses jambes ;

– programmation progressive des exercices visant la mobilité de la CV :

- dans le temps,
- dans la séance,

(échauffement – dosage du travail –retour au calme) ;

– renforcement musculaire à trois niveaux :

- abdominal,
- muscles spinaux,
- gainage du bassin ;

– importance des étirements dans la séance et après la séance ➡ disques intervertébraux.

La CV est souple mais fragile : attention portée lors d'une pratique sportive intensive et pendant la croissance (maladie de Scheuermann). L'éducateur sportif a un double rôle : prévention et maintien de l'intégrité.

mots-clés de la RÉPONSE

RACHIS – VERTÈBRES – DISQUE INTERVERTÉBRAL – COURBURES MOELLE ÉPINIÈRE – MOBILITÉ – LÉSIONS – PLACEMENT DU DOS ÉTIREMENTS – PRÉCAUTIONS

QUESTION 2

Les articulations permettent une grande variété de mouvements. Après avoir décrit, dans un sport de votre choix, une articulation particulièrement sollicitée et après avoir analysé ses possibilités fonctionnelles, précisez les traumatismes qu'elle peut subir, ainsi que les précautions à prendre pour les éviter.

mots-clés de la QUESTION

ARTICULATION – ANALYSE DESCRIPTIVE ET FONCTIONNELLE
TRAUMATISMES – PRÉCAUTIONS

N.B. : Nous traiterons 5 articulations : SB2-1 : le genou, SB2-2 : l'épaule, SB2-3 : le coude, SB 2-4 : la hanche, SB2-5 : la cheville

2/1

PRATIQUE DU FOOTBALL
ARTICULATION CHOISIE : LE GENOU

1. Analyse descriptive :

Le genou unit le fémur au tibia et à la rotule (en liaison avec le péroné). Il est mobile mais instable souvent traumatisé en sport.

- 3 articulations : – 1 fémoro-rotulienne (trochléenne),
  – 2 fémoro-tibiales (condyliennes avec ménisques).

1.1. Les surfaces osseuse :

– extrémité inférieure du fémur ➡ deux surfaces :

- la trochlée en relation avec la face postérieure de la rotule,
- les 2 condyles en relation avec le plateau tibial ;

– face postérieure de la rotule : encroûtée de cartilage ;

– extrémité supérieure du tibia : le plateau tibial.

1.2. Les moyens d'union :

– la capsule ;

– la synoviale ;

– les ménisques : deux croissants fibro-cartilagineux fixés au plateau tibial (un externe, un interne) :

- ils approfondissent la surface articulaire tibiale,
- ils glissent (avancée et recul) dans les mouvements de flexion-extension du genou,
- ils amortissent les chocs ;

– les ligaments :

- latéraux : externe et interne ➡ stabilité latérale en extension,
- croisés : intracapsulaires, un antéro-externe, un postéro-interne fixés du tibia au fémur ➡ stabilité du genou en flexion.
  Les ligaments latéraux ne sont tendus qu'en extension d'où une plus grande fragilité du genou en demi-flexion ou encore plus en flexion (ski, football...) ;

- **les muscles péri-articulaires : l'ensemble des expansions tendineuses participe à la stabilité du genou (quadriceps).**

2. Analyse fonctionnelle :

La rotule sert de poulie dans la flexion du genou. Trois mouvements :

- **la flexion : les ischio-jambiers (face postérieure cuisse) :**
  - biceps fémoral,
  - demi-tendineux,
  - demi-membraneux ;
- **l'extension : le quadriceps (face antérieure cuisse) :**
  - droit antérieur,
  - vaste externe,
  - vaste interne,
  - crural ;
- **la rotation : possible en demi-flexion :**
  - en dedans : muscles de la « patte d'oie » ➡ droit interne, couturier, demi-membraneux, demi-tendineux,
  - en dehors : biceps crural.

3. Les traumatismes :

Parmi les accidents les plus usuels :

- **lésion méniscale (écrasement, pincement, déchirure, fissure, désinsertion) ;**
- **entorse (de bénigne à grave) ;**
- **distension des ligaments latéraux ;**
- **rupture d'un ou des ligaments croisés ;**
- **arthrose du cartilage postérieur de la rotule ;**
- **maladie de croissance (fréquente chez les jeunes) : la maladie d'Osgood-Schlatter.**

4. Précautions à prendre :

- **Exercices :**
  - coordination motrice (proprioception) ; exemple : travail d'appuis dans des cerceaux, foulées bondissantes,
  - musculation généralisée (quadriceps),
  - étirements,
  - échauffement,
  - port de chaussures aux semelles amortissantes.

  Rôle majeur de l'éducateur dans l'entraînement et en prévention.

mots-clés de la RÉPONSE

FÉMUR – TIBIA – ROTULE – MÉNISQUES – LIGAMENTS LATÉRAUX ET CROISÉS – FLEXION – EXTENSION – ROTATION – QUADRICEPS ISCHIO-JAMBIERS – LÉSIONS MÉNISCALES – ENTORSE MUSCULATION – ÉTIREMENT – PRÉVENTION

QUESTION 2

2/2

PRATIQUE DU RUGBY
ARTICULATION CHOISIE : L'ÉPAULE

1. Analyse descriptive :

L'épaule attache le bras au tronc (ceinture scapulaire).

C'est l'articulation la plus mobile, formée de trois articulations :

- **la principale : scapulo-humérale (énarthrose) ;**
- **l'acromio-claviculaire (arthrodie) ;**
- **la sterno-costo-claviculaire (en selle) ;**

} **qui réunissent l'omoplate, l'humérus et la clavicule.**

1.1. Les surfaces osseuses :

- **l'omoplate : la cavité glénoïde ;**
- **la clavicule : l'extrémité externe ;**
- **l'humérus : la tête humérale (1/3 de sphère) ;**

(sans oublier en dedans, l'encoche sternale, l'extrémité interne de la clavicule et la première côte).

1.2. Les moyens d'union :

- **la capsule ;**
- **la synoviale ;**
- **les ligaments supérieurs, antérieurs et inférieurs ;**
- **le bourrelet glénoïdien (encroûté de cartilage) qui augmente la profondeur de la glène ;**
- **les tendons des muscles péri-articulaires.**

2. Analyse fonctionnelle :

Grande amplitude des mouvements :

- **adduction : grand pectoral – grand dorsal – grand rond + angulaire et rhomboïde ;**
- **abduction : deltoïde – sus-épineux – trapèze – grand dentelé ;**
- **antépulsion : deltoïde + trapèze et grand dentelé ;**
- **rétropulsion : rhomboïde – angulaire + deltoïde – grand pectoral et grand dorsal ;**
- **rotations :**
  - interne : sous-scapulaire – grand dorsal,
  - externe : sous-épineux – petit rond – deltoïde
- **circumduction.**

La grande amplitude des mouvements est possible grâce à la bascule de l'omoplate vers le dedans et le dehors (« sonnette interne et externe »).

3. Traumatismes :

Cette articulation très mobile est souvent traumatisée lors de chocs ou de chute (placage, sol). Parmi les accidents usuels :

- **entorse ou luxation scapulo-humérale ;**
- **entorse ou luxation acromio-claviculaire ;**
- **lésion du bourrelet glénoïdien ;**
- **lésion des muscles stabilisateurs (sus-épineux) ;**
- **bursite sous-acromiale ;**
- **fracture de la clavicule ;**
- **arthrose.**

4. Précautions :

- **Échauffement systématique avant la pratique ;**
- **musculation préventive ou rééducative ;**
- **étirements ;**
- **port de protections (épaulières).**

mots-clés de la RÉPONSE

HUMÉRUS – OMOPLATE – CLAVICULE – BOURRELET GLÉNOÏDIEN
ADDUCTION – ABDUCTION – FLEXION – EXTENSION – ROTATIONS
FRAGILITÉ RELATIVE – PRÉCAUTIONS

QUESTION 2

2/3

PRATIQUE DU TENNIS
ARTICULATION CHOISIE : LE COUDE

1. Analyse descriptive :

- **il unit l'avant-bras et le bras ;**
- **double fonction :**
  - possibilité de porter la main à la tête (flexion-extension),
  - possibilité d'orienter la paume de la main (pro-supination) ;
- **trois articulations :**
  - l'huméro-cubitale (trochléenne),
  - l'huméro-radiale (énarthrose),
  - la radio-cubitale (trochoïde),

  qui réunissent humérus, cubitus et radius.

1.1. Les surfaces osseuses :

- **humérus : extrémité inférieure en forme de palette élargie (trochlée-épitrochlée - épicondyle) ;**
- **cubitus : extrémité supérieure en forme de bec ;**
- **radius : extrémité supérieure circulaire (tête).**

1.2. Les moyens d'union :

- **une capsule ;**
- **des ligaments latéraux puissants ;**
- **le ligament annulaire pour la tête radiale ;**
- **les tendons des muscles péri-articulaires.**

2. Analyse fonctionnelle :

C'est une charnière simple dont le mouvement principal est la flexion-extension, le mouvement secondaire : la pro-supination :

- **flexion : biceps et brachial antérieur ;**
- **extension : triceps brachial ;**
- **pro-supination :**
  - pronation : rond et carré pronateurs,
  - supination : court et long supinateurs + biceps.

3. Les traumatismes :

Cette articulation est très solide (coaptation des surfaces articulaires) mais sujette aussi à accidents :

- **luxation ou entorse huméro-cubitale ;**
- **tendinites d'insertion (épicondylite – épitrochléite).**

4. Les précautions :

Pour les tendinites :

- **surcharge de travail ➡ repos (prévention) ;**
- **gestes techniques déficients ➡ correction de la technique ;**
- **matériel inadapté ➡ manche trop petit ou trop grand pour la taille des mains (crispations).**

mots-clés de la RÉPONSE

HUMÉRUS – CUBITUS – RADIUS – FLEXION – EXTENSION PRO-SUPINATION – TENDINITES

QUESTION 2

2/4

PRATIQUE DE LA GYMNASTIQUE
ARTICULATION CHOISIE : LA HANCHE

1. Analyse descriptive :

La hanche unit la cuisse au bassin (ceinture pelvienne). Elle assure la station debout et la marche. Elle réunit deux os : le fémur et l'os iliaque formant la coxo-fémorale (énarthrose).

1.1. Les surfaces osseuses :

- **os iliaque : la cavité cotyloïde creusée dans l'os ;**
- **fémur : la tête fémorale (2/3 sphère).**

1.2. Les moyens d'union :

- **la capsule : très solide ;**
- **la synoviale ;**
- **de puissants ligaments antérieurs et postérieurs (à noter le ligament rond : tête fémorale ➡ fond de la cotyloïde) ;**
- **les tendons des muscles péri-articulaires.**

2. Analyse fonctionnelle :

Enarthrose, la hanche permet des mouvements dans les trois plans :

- **la flexion : psoas-iliaque – tenseur du facia lata (TFL) et couturier ;**
- **l'extension : grand fessier et ischio-jambiers quand genou fléchi ;**
- **l'abduction : moyen et petit fessiers et deltoïde fessier ;**
- **l'adduction : grand-moyen et petit adducteurs – droit interne ;**
- **rotations :**
  - interne : TFL - Petit fessier,
  - externe : pelvi-trochantériens - grand fessier ;
- **circumduction.**

Cette articulation permet les mouvements du bassin autour de la hanche (quand fémur fixé) :

- **antéversion : psoas-iliaque + TFL ;**
- **rétroversion : grand-moyen fessiers + ischio-jambiers (+ abdominaux) ;**
- **inclinaison latérale externe : fessiers + TFL + deltoïde fessier.**

3. Les traumatismes :

Articulation très solide, elle subit très rarement entorse ou luxation en pratique sportive (hormis de très mauvaises chutes aux appareils).

Les muscles moteurs de la hanche participent à la statique du bassin (antéversion, rétroversion et inclinaison) ; ils permettent le placement du bassin en liaison avec les muscles abdominaux

➡ gainage.

Une sur-sollicitation peut entraîner des tendinites de la région pubienne (pubalgies) ou une arthrose précoce.

4. Les précautions :

– Bonne musculature abdominale ;

– musculation abdominale correcte (problème du psoas-iliaque) ;

– étirements musculaires ;

– équilibre tonique entre les chaînes musculaires d'extension (fessiers – quadriceps) et de flexion (abdominaux – ischio-jambiers).

mots-clés de la RÉPONSE

OS ILIAQUE – FÉMUR – FLEXION – EXTENSION – ADDUCTION ABDUCTION – ROTATIONS – ARTHROSE

QUESTION 2

2/5

PRATIQUE SPORTIVE DE LA COURSE À PIED
ARTICULATION CHOISIE : LA CHEVILLE

1. Analyse descriptive :

Elle fait l'union entre la jambe et le pied. Elle combine deux fonctions :

- la mobilité indispensable à la marche,
- la solidité : poids du corps en station debout.

Elle unit le tibia et le péroné à l'astragale : c'est la tibio-péronéo-tarsienne (la tibio-tarsienne) ➡ trochléenne.

1.1. Les surfaces osseuses :

- **les extrémités inférieures du tibia et du péroné : la mortaise (les deux malléoles) ;**
- **l'astragale : trois faces (supérieure et latérales) ➡ le tenon astragalien.**

1.2. Les moyens d'union :

- **la capsule : très puissante ;**
- **les ligaments latéraux ;**
- **les muscles moteurs périphériques.**

2. Analyse fonctionnelle :

Comme trochlée, la cheville présente deux mouvements :

- **la flexion (ou dorsi-flexion) : jambier antérieur – péronier antérieur – extenseurs des orteils ;**
- **l'extension (ou flexion plantaire) : triceps sural et fléchisseurs des orteils.**

3. Traumatismes :

La tibio-tarsienne est en rapport avec les nombreuses articulations du pied (voûte plantaire). Si celles-ci ne s'adaptent qu'imparfaitement aux inégalités du terrain ou aux mauvaises réceptions, la tibio-tarsienne souffre : entorse – fracture malléolaire – distension ligamentaire.

La sur-sollicitation de la course à pied peut entraîner :

- **tendinite achilléenne (inflammation tendon d'Achille) ;**
- **rupture possible du tendon d'Achille ;**
- **apophysite calcanéenne chez l'enfant (maladie de Sever) ➡ transformation pathologique de l'insertion du tendon d'Achille sur le calcanéum.**

4. Précautions :

- Échauffement méthodique et systématique;
- emploi de chaussures adaptées (semelles amortissantes) ;
- étirements ;
- recherche de terrains adaptés (éviter ciment et bitume) ;
- matériel de réception (en gymnastique).

Rappelons que la cheville est directement en relation avec le pied, segment comprenant 31 articulations, une centaine de ligaments et 20 muscles ; d'où l'impérieuse nécessité d'un échauffement sérieux.

mots-clés de la RÉPONSE

TIBIA – PÉRONÉ – ASTRAGALE – FLEXION – EXTENSION ENTORSE – RUPTURE TENDON D'ACHILLE – TENDINITE PRÉCAUTIONS – CHAUSSURES

QUESTION 3

Allongé sur le dos, les membres inférieurs tendus, le fait d'effectuer des ciseaux avec les talons au ras du sol, muscle dit-on les abdominaux.

1. **Décrivez le groupe des muscles abdominaux et analysez leurs fonctions.**
2. **Précisez les risques encourus dans cet exercice par des jeunes et les non-entraînés.**
3. **Proposez un exercice spécifique mobilisant de manière dynamique les abdominaux.**

mots-clés de la QUESTION

ABDOMINAUX – DÉCRIRE – FONCTION – RISQUES – JEUNES EXERCICE SPÉCIFIQUE – DYNAMIQUE.

- « Faire des abdos » est très courant en sport.
- L'expression « dit-on » de la question pose le problème de l'adéquation de cet exercice avec la musculation abdominale.
- Sa pratique régulière peut-elle déclencher des douleurs lombaires ? Pourquoi ?
  ➨ explication à l'aide d'une analyse descriptive et fonctionnelle des abdominaux.

1. Analyse descriptive :

La paroi abdominale est constituée par :

- **en avant, le grand droit ➨ du sternum au pubis ;**
- **latéralement, les obliques :**
  - le grand oblique ➨ faces externes des 8 dernières côtes à la crête iliaque et au pubis,
  - le petit oblique ➨ crête iliaque aux 8e, 9e et 10e côtes ;
- **le plus profond, le transverse ➨ faces internes des 6 dernières côtes au pubis et ligne blanche.**

2. Analyse fonctionnelle :

- **Les abdominaux forment la sangle abdominale par un entrecroisement des fibres musculaires dans les différents plans. Le recouvrement est imparfait, laissant apparaître quelques points faibles (hernies) ;**
- **rôle important dans l'expiration (expulsion en général) ;**
- **ils sont responsables de la mobilité du tronc : flexion (en avant) du tronc, inclinaison latérale et rotation.**

3. Analyse de l'exercice proposé en musculation abdominale :

3.1. Pourquoi des douleurs au niveau lombaire ?

À partir de la position coucher dorsal, les membres inférieurs en se mobilisant (ciseaux de jambes) permettent au psoas-iliaque d'être recruté. En effet, le poids des membres inférieurs, chez un jeune ou un individu à sangle abdominale faible, entraîne une mise en tension du psoas-iliaque (des lombaires et de l'iliaque au fémur). Cette action tire les lombes en avant (effet inverse de la flexion de hanche). Il y a exagération de la courbure lombaire d'où douleurs (lombalgies).

Dans la musculation abdominale, il faut mobiliser les abdominaux sans solliciter le psoas-iliaque.

3.2. Exercice correct en musculation abdominale :

- **Position de départ : coucher dorsal, en appui sur les coudes, mains aux lombaires, membres inférieurs fléchis (en crochet). Dans cette attitude, la hanche fléchie ne permet pas la mobilisation du psoas-iliaque ;**
- **exercice : tendre les membres inférieurs (à partir de la position de départ) et effectuer des ciseaux de jambes. Les mains placées aux lombaires permettent de contrôler la lordose (témoin tactile) et d'éventuellement de se replacer correctement ;**
- **consignes :**
  - programmer le nombre de répétitions,
  - varier la mobilisation (rotation pour obliques) ;
- **possibilité de mobilisation inverse : le tronc sur les jambes.**

Conclusion :

- importance du travail abdominal,
- précautions dans la méthodologie des exercices,
- respecter l'âge
le sexe
le niveau
} des pratiquants.

mots-clés de la RÉPONSE

GRAND DROIT – OBLIQUES – TRANSVERSE
SANGLE ABDOMINALE – PSOAS-ILIAQUE – LOMBALGIE

QUESTION 4

L'organisme humain a un fonctionnement essentiellement aérobie.

1. **Analysez brièvement l'origine de l'oxygène, ses modes de transport, ses systèmes d'échange.**
2. **Définissez la qualité athlétique ayant comme support le potentiel aérobie.**
3. **Quelle est son importance chez le sportif ?**

mots-clés de la QUESTION

AÉROBIE - OXYGÈNE - QUALITÉ ATHLÉTIQUE IMPORTANCE DU POTENTIEL AÉROBIE.

Cette question est à mettre en correspondance avec la question SB7 sur un cycle d'entraînement aérobie :

- **aérobie : en présence d'air, d'oxygène ;**
- **avec l'eau, l'oxygène est un des éléments essentiels à la vie ;**
- **symbiose avec le monde végétal (O_2- CO_2) ;**
- **comment l'organisme utilise-t-il l'oxygène ?**

1. L'oxygène :

- **Il est pris en charge par le couple circulation-respiration.**
- **L'origine de l'O_2 : dans l'air environ 20 % d'O_2 et 78 % d'azote + des traces d'autres gaz.**
- **Les différentes étapes du trajet de l'O_2 dans l'organisme :**

1. **Premier système de transport :**
   - l'O_2 est inspiré : voies aériennes supérieures ➨ nez – pharynx – larynx trachée-artère – bronches – poumons,
   - il pénètre les alvéoles pulmonaires,
   - par diffusion, en s'échangeant avec le CO_2, l'O_2 pénètre, en traversant la membrane alvéolo-capillaire dans le système circulatoire (hémoglobine des globules rouges).
2. **Deuxième système de transport :**
   - petite circulation (ou circulation pulmonaire) ➨ O_2 – veines pulmonaires – cœur gauche ➨ oreillette gauche – valvules – ventricule gauche – valves – aorte – grande circulation (ou générale). Cœur gauche et cœur droit fonctionnent en parfaite harmonie (cœur droit : transport CO_2 ; cœur gauche : transport O_2) ;
   - deuxième échange : à partir de l'aorte, l'O_2 est livré à tout l'organisme, selon ses besoins (– système musculaire) :

   – au repos : 20 % du volume sanguin perfuse les muscles,

   – à l'effort : 80 %.

2. Le métabolisme aérobie :

- **La qualité physique émergente : l'ENDURANCE**
- **potentiel aérobie :**

glucides / **lipides** + O_2 ➨ ATP + CO_2 + H_2O ➨ **énergie mécanique**

- **c'est la capacité qu'a le sportif de produire un effort de durée longue à très longue mais d'intensité moyenne à modérée.**

Exemple : le footing (FC ≈ 160).

3. Place du potentiel aérobie chez le sportif :

- **Il s'exprime à travers une donnée : le VO2 max ➨ c'est la consommation maximale d'O2 exprimée en litre par minute (l/mn) ou encore ml/mn/kg de poids de corps ;**
- **impacts :**
  - développement harmonieux notamment dans la croissance du jeune,
  - possibilité de repousser l'apparition de la fatigue,
  - plus grande sérénité (disponibilité psychologique),
  - facilitation de la récupération pendant l'entraînement et entre les séances,
  - possibilité d'être moins sujet aux baisses de condition physique (état de forme moyen persistant),
  - amélioration du transport d'O2 (adaptation du système cardio-vasculaire),
  - augmentation du processus aérobie (capacité – puissance – endurance maximale aérobie),
  - augmentation du VO2 max ;
- **le potentiel aérobie n'est pas l'unique clé du succès. Certains sports (marathon – ski de fond...) sont plus sensibles que d'autres (tir à l'arc).**

« On peut commencer le travail d'endurance trop tard, on ne le commence jamais assez tôt » (importance génétique).

mots-clés de la RÉPONSE

AÉROBIE – OXYGÈNE – SYSTÈME CARDIO-PULMONAIRE
ENDURANCE – VO2 MAX

QUESTION 5

L'adaptation du système cardio-pulmonaire est une des manifestations de la réponse de l'organisme à l'exercice physique.
1. **Analysez ces mécanismes d'adaptation.**
2. **Quels sont les types d'effort responsables de ces processus ?**

mots-clés de la QUESTION

ADAPTATION – CARDIO-PULMONAIRE - EXERCICE PHYSIQUE MÉCANISMES – TYPES D'EFFORT.

Points importants à définir :

- Le système cardio-pulmonaire.
- Entité fonctionnelle circulation-respiration.

1. Mécanismes d'adaptation :

1.1. Adaptation immédiate à l'effort :

Deux formes :

- cardiaque :
  - ↗ **fréquence cardiaque (FC),**
  - ↗ **volume éjection systolique (VES),**
  - ↗ **tension artérielle (maxima) ;**
- respiratoire : ↗ amplitude et fréquence de la respiration.

1.2. Adaptation à long terme :

- hypertrophie du muscle cardiaque (poids et cavités),
- amélioration du VES,
- baisse de la FC (bradycardie),
  - ↗ nombre des capillaires,
  - ↗ consommation maximale d'O2,
  - ↗ capacité vitale,
  - ↗ ventilation minute,
- réponse plus prompte aux besoins et retour plus rapide à l'état de repos.

2. Les différents efforts et les adaptations :

2.1. Adaptation immédiate :

- tout effort est synonyme d'adaptation immédiate (voies énergétiques 1, 2 et 3),
- notion de dette d'O2 (remboursement : excès de consommation d'oxygène post-exercice ➡ ÉCOPE.)

2.2. Adaptation à long terme :

- au plan aérobie ➡ l'endurance,
- au plan musculaire ➡ la force.

mots-clés de la RÉPONSE

ADAPTATION IMMÉDIATE
À LONG TERME

QUESTION 6

Après avoir énuméré et défini succinctement les différentes qualités physiques (ou athlétiques) et en vous référant à une discipline de votre choix, décrivez l'une d'elles en détaillant ses moyens de développement.

mots-clés de la QUESTION

QUALITÉS PHYSIQUES – DÉVELOPPEMENT D'UNE QUALITÉ UNE DISCIPLINE – MOYENS ET EXERCICES

- La performance et ses différentes composantes, dont les qualités physiques.
- Mise en relation avec d'autres qualités (psychologiques).
- L'adresse dans le football.

1. Les qualités athlétiques :

1.1. Approche à travers la sollicitation motrice et tableau récapitulatif :

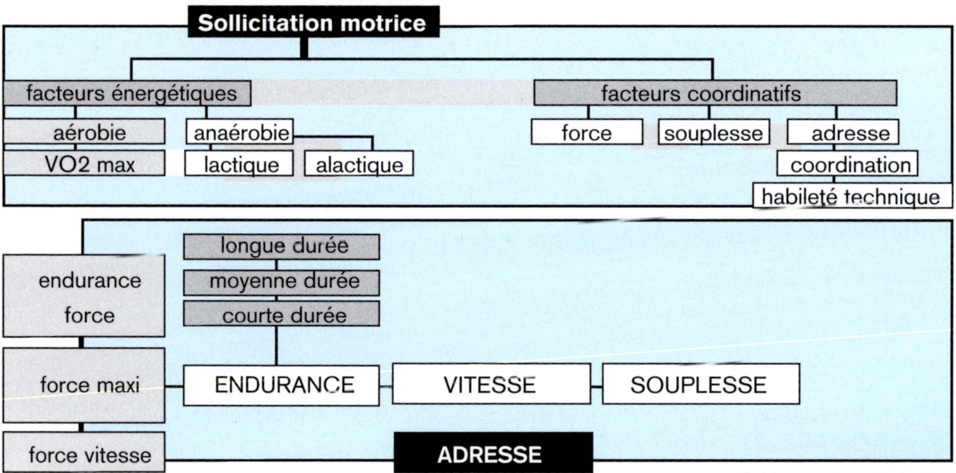

Tableau récapitulatif

1.2. Définitions :

– l'endurance :

- attention à l'ambiguïté de la notion (endurance des systèmes énergétiques ≠ endurance fondamentale) ;
- capacité physique et psychique de maintenir un effort le plus longtemps possible ;
- exemples pris en référence de l'athlétisme de haut niveau :

1 ➡ endurance de longue durée :

aérobie capacité : effort de durée longue à très longue (de 30 mn à quelques heures), effort intense à modéré ; le 10 000 m – le marathon ;

2 ➡ endurance de moyenne durée :

aérobie puissance : effort de durée moyenne à longue (d'environ 2 mn à 10-15 mn), effort à intensité très forte à forte ; du 1 500 m au 5 000 m ;

3 ➡ endurance de courte durée :

anaérobie lactique : effort de durée très courte à courte (de 30 s à 1-2 mn), effort d'intensité violente à très forte : du 400 m au 800 m.

– la vitesse :

- capacité d'accomplir des actions motrices dans un temps minimal ;
- anaérobie alactique : le 100 m, le 200 m ;
- on distingue :
  - ➡ la vitesse de réaction,
  - ➡ la vitesse d'exécution (acyclique),
  - ➡ la vitesse de fréquence gestuelle (cyclique).

– la force :

- ➡ la force maximale,
- ➡ la force-vitesse,
- ➡ l'endurance de la force.

– la souplesse :

- capacité d'accomplir des mouvements avec la plus grande amplitude possible.

– l'adresse :

- capacité de réaliser un mouvement en combinant l'action de plusieurs groupes musculaires avec un maximum d'efficacité et d'économie ;
- qualité de base nécessaire à l'expression des qualités athlétiques ;
- plus qu'une qualité athlétique : « l'intelligence du corps ».

2. L'adresse et le football :

- La pratique du football présente deux caractéristiques :
  1) être adroit avec ses pieds : « pédipuler » ;
  2) lire le jeu :
     - – multiplicité des signaux,
     - – anticipation,
     - – problème espace-temps ;
- exercer la coordination est l'élément fondamental de l'initiation de cette discipline ;
- activités proposées :
  - ➡ polyvalence des pratiques sportives : répertoires d'habiletés notamment à l'âge des acquisitions (8-12 ans),
  - ➡ attention à la phase de puberté : dysharmonie possible (remobiliser l'adresse),
  - ➡ attention à l'apprentissage très spécifique trop précoce ;
- l'adresse n'est pas innée, elle se construit ;
- admettre la maladresse (voir question SH24) ;
- mise en situation-problème avec essai et erreur ;
- travail qualitatif.

mots-clés de la RÉPONSE

SOLLICITATION MOTRICE – FACTEURS ÉNERGÉTIQUES ET COORDINATIFS – ENDURANCE – VITESSE – FORCE SOUPLESSE – ADRESSE – ADRESSE ET FOOTBALL

QUESTION 7

À travers les différents processus d'entraînement, transparaît constamment l'importance du potentiel aérobie.
1. Analysez le potentiel aérobie.
2. Présentez un cycle d'entraînement ayant comme objectif le développement aérobie.

mots-clés de la QUESTION

LE POTENTIEL AÉROBIE – CYCLE D'ENTRAÎNEMENT – IMPORTANCE

- L'être humain est de fonctionnement essentiellement aérobie.
- Place du potentiel aérobie dans la sollicitation motrice ➡ facteurs énergétiques.

1. Le potentiel aérobie

1.1. Rappel physiologique : les différents métabolismes

Voie	Énergie	Métabolisme
I	ATP-PC ➡ ATP	Anaérobie alactique
II	glucides ➡ ATP + lactates	Anaérobie lactique
III	glucides lipides + O2 ➡ ATP + H2O + CO2	Aérobie

- Ce tableau est très réducteur. Distinguer trois voies de production d'énergie est très artificiel. En fait, elles fournissent de l'énergie de façon conjointe avec seulement :
  - **des temps de réponse étagés dans le temps,**
  - **des rendements différents en fonction des types d'efforts.**
- Le métabolisme aérobie a une latence (délai de réponse) assez longue et n'atteint son plein rendement qu'entre une et trois minutes. Sa capacité est très grande (triathlon – marathon) mais sa puissance relativement faible.
- Si l'effort est modéré, le travail se fait en équilibre (apport d'O2 suffisant, pas de lactactes produits).
- Si l'effort est intense, la consommation d'O2 va s'élever jusqu'à atteindre un maximum : le VO2 max ; niveau qui n'évolue plus même si l'intensité de l'exercice augmente encore.

1.2. Évaluation :

- Elle permet de distinguer plus nettement les notions de CAPACITÉ et de PUISSANCE du métabolisme aérobie.
- Le test de Cooper : parcourir la plus grande distance possible en 12 minutes ➡ approche de l'endurance capacité.
- Le test de Léger : sur piste avec palier de 2 mn. Le protocole permet d'apprécier principalement la vitesse maximale aérobie (VMA) atteinte à la Puissance Maximale Aérobie (PMA), favorisant un entraînement individualisé.
- Pour des mesures plus précises ➡ tests en milieu hospitalier (tapis roulant, bicyclette...).

1.3. Capacité-puissance :

– aérobie capacité : quantité d'énergie disponible :

- durée : de quelques minutes à quelques heures,
- intensité : de 60 à 75 % de VMA (FC = 150 à 160 p/mn) ;

– aérobie puissance : quantité d'énergie susceptible d'être fournie par unité de temps :

- durée : de 2 mn à 6-8 mn,
- intensité : de 80 à 90 % de VMA (FC > 180 p/mn).

2. Programme d'entraînement :

– objectif : développer le potentiel aérobie capacité ;

– conditions et constats de travail :

- jeunes footballeurs de 14 à 16 ans,
- cycle d'entraînement de 3 semaines à raison de 2 entraînements/semaine, situé en début de saison et qui est fonction de la date de reprise de l'entraînement et d'un programme individualisé de travail,
- programmation à partir d'un test de Léger (2 mn) pour déterminer les VMA et former les groupes de travail ;

– organisation du cycle (témoin physiologique : la fréquence cardiaque) :

• semaine 1(S1) : - entraînement 1	- (E1) :	1 x 20 mn de course à 70 % de VMA
	- (E2) :	1 x 20 mn à 70 % VMA 6 mn de récupération 1 x 10 mn à 70 % VMA
• (S2)	- (E3) :	1 x 30 mn à 70 % VMA
	- (E4) :	footing 45 mn à 60 % VMA
• (S3)	- (E5) :	1 x 20 mn à 75 % VMA 6 mn récupération 1 x 10 mn à 70 % VMA
	- (E6) :	1 x 30 mn à 75 % VMA

NB : Ce programme ne représente qu'une partie du programme général comprenant également :

- coordination/vivacité,
- habileté technique spécifique,
- jeux réduits,
- étirements.

mots-clés de la RÉPONSE

AÉROBIE – ATP – VOIES ÉNERGÉTIQUES – ÉVALUATION
CAPACITÉ – PUISSANCE – VO2 MAX – VMA – CYCLE

QUESTION 8

Vous envisagez de mettre en place une séance de développement des qualités de vitesse (discipline sportive au choix).
1. Quelles sont les bases physiologiques de votre travail ?
2. Quels exercices proposez-vous ?

mots-clés de la QUESTION

VITESSE – BASES PHYSIOLOGIQUES – EXERCICES

- Complexité du terme vitesse : rapidité, vivacité, vélocité...
- Discernement à travers la physiologie de l'effort.

1. La vitesse :

1.1. Définition : capacité d'accomplir des actions motrices dans le moins de temps possible.

1.2. Formes :

- **vitesse de réaction : réponse à un signal (sonore, visuel) exemple : le coup de pistolet du starter ;**
- **vitesse d'exécution : tir au football, le direct à la boxe (vitesse acyclique) ;**
- **vitesse d'enchaînement gestuel : la succession rythmée d'actions motrices, exemple la vitesse de course (vitesse cyclique).**

1.3. Bases physiologiques :

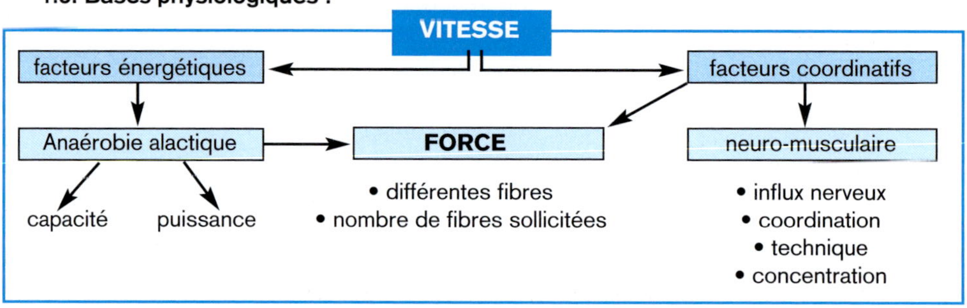

– Exercices visant au développement des qualités de vitesse

- importance de l'échauffement (= 20 mn) ;
- moyens de développement :

→ effort	- intensité: explosif (maximum),
	- durée : quelques secondes à 10 s voire 20 s,
→ récupération	- dans la séance : complète,
	- entre les séances : de quelques heures à 72 h.

2. Exemples d'exercices (discipline : le football) :

2.1. Objectifs : vitesse de réaction / vitesse d'exécution

[exercices s'adressant au gardien de but]

1. **situation de départ :**
   - 4 ballons placés en losange,
   - le gardien au centre, sur ses appuis ;

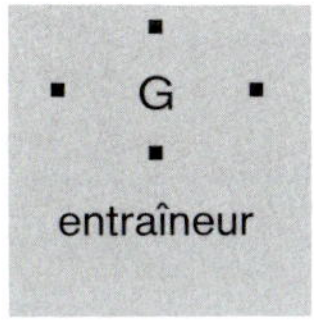

2. **exercice :**
   - avec une seule foulée d'élan,
   - au signal de l'entraîneur,
   - plongeon sur le ballon désigné ;
3. **observations :**
   - l'exercice n'est effectué que sur un ballon,
   - quantifier la récupération et la sollicitation énergétique.

2.2. Objectifs : vitesse d'exécution / vitesse de fréquence gestuelle

1. **situation de départ : schéma**

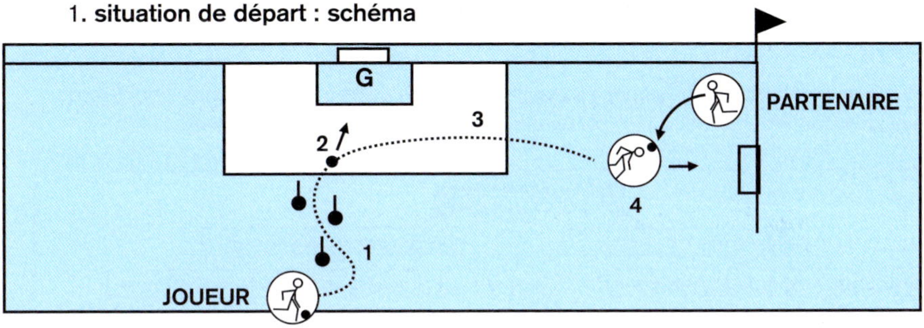

2. **exercice :**
   - au signal le joueur effectue un slalom (1),
   - tir au but aux 16,5 m (2),
   - course (3),
   - tête plongeante (4) sur ballon lancé par un partenaire,
3. **observations :**
   - 5 séries de 2 répétitions,
   - récupération complète (R),

     R répétition : temps de travail x 15 (≈ 1'30" à 2'),

     R série : 8-10 mn.

– Il n'y a pas une mais « des vitesses »,
– importance de la récupération (plan neuro-musculaire),
– ce travail de vitesse peut se coupler avec l'aérobie capacité,
– il se développe conjointement avec le travail d'adresse et la spécificité technique du sport,
– état de fraîcheur physique,
– long échauffement,
– étirements,
– travail qualitatif.

mots-clés de la RÉPONSE

VITESSE – ANAÉROBIE ALACTIQUE – FORCE
RÉCUPÉRATION COMPLÈTE – ADRESSE – ÉTIREMENTS
CONCENTRATION – FRAÎCHEUR PHYSIQUE

QUESTION 9

« Je vais faire de la musculation ». Cette réflexion, souvent entendue en sport, repose sur le développement de la qualité physique FORCE.

1. Donnez une définition de la force.

2. Quelle importance lui accordez-vous dans votre discipline ?

3. Quelle place lui donnez-vous dans l'entraînement de l'enfant ?

mots-clés de la QUESTION

MUSCULATION – DÉFINITION DE LA FORCE – IMPORTANCE VOTRE DISCIPLINE – PLACE – ENTRAÎNEMENT – ENFANT

1. Définition :

La force peut se combiner avec les autres qualités de base (endurance, vitesse, souplesse) déterminant des qualités motrices complexes : force-endurance, force-explosive...

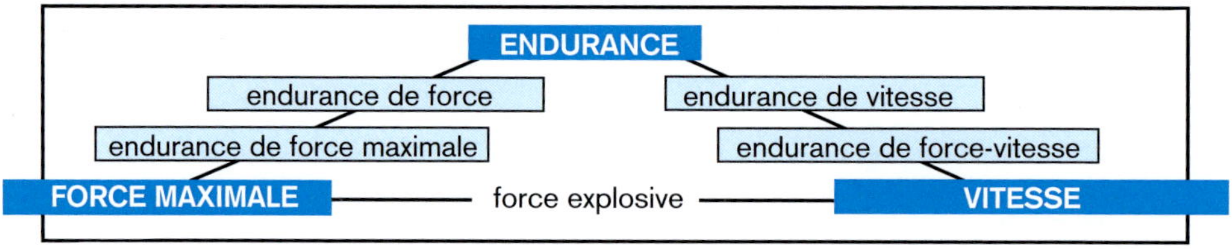

- Zatsiorsky (1966) : « La force de l'homme peut se définir comme la faculté de vaincre une résistance extérieure ou d'y résister grâce à des efforts musculaires. »

La résistance peut être :

- un engin (poids, disque, javelot...) ;
- le corps (saut, course...) ;
- les forces de friction (aviron, cyclisme...) ;
- un adversaire (sports de combat, rugby...).

- **En relation avec les types de contractions musculaires et le potentiel énergétique sollicité, on distingue :**

– la force maximale isométrique (statique) : gymnastique ;
– la force maximale excentrique et concentrique (dynamique) : tous sports ;
– la force-vitesse (ou force rapide) : sprint – lancer – sport collectif ;
– l'endurance de force : capacité de résister à la fatigue : aviron – cyclisme.

2. Place dans la discipline : le rugby

On emploie la musculation (ensemble des procédés et moyens permettant d'améliorer la force musculaire, associée ou non à une autre qualité physique) en rugby.

2 visées :

– une musculation généralisée pour tous ;

– une musculation spécifique par poste de jeu (schématiquement : avants – trois-quarts).

Le rugby est un sport de combat nécessitant le développement de la force. Elle est prise en compte dans le plan d'entraînement au même titre que les autres qualités (vitesse – endurance) et est entretenue systématiquement en fonction des objectifs et du calendrier des compétitions.

La force demandée aux avants (le cinq de devant) n'est pas la même que celle demandée aux lignes arrières : il y a d'un côté recherche d'une force-puissance (mêlée – combat debout et au sol) de l'autre une force-vitesse (sprint, placage).

Cet entraînement de force ne peut se concevoir que dans une programmation générale en INTERACTION avec le développement des autres qualités sur lesquelles elle peut avoir une influence (parfois négative).

3. Renforcement musculaire chez l'enfant :

La précocité de l'entraînement chez l'enfant amène l'entraîneur à utiliser le renforcement musculaire comme objectif de travail chez les jeunes (– 18 ans). Utiliser la force sur un organisme en pleine croissance n'est pas anodin :

- pas de charges lourdes (avant 16-17 ans) ;
- travail sous forme de circuit (recherche vitesse et endurance) ;
- pas de force maximale (charge lourde) ;
- quadrupédie, rampers, grimper, multi-bonds, lutte, traction, poussée, balles lestées, élastiques sont autant de moyens mis à disposition pour le renforcement musculaire chez l'enfant ;
- en liaison avec un travail de coordination spécifique.

mots-clés de la RÉPONSE

DIFFÉRENTS TYPES DE FORCE – PLAN D'ENTRAÎNEMENT PRÉCAUTIONS

QUESTION 10

La souplesse musculaire est une des qualités physiques de base dans l'accomplissement du geste moteur.

1. **Définissez la souplesse et caractérisez le mécanisme de son fonctionnement.**
2. **Exposez quelques moyens de travail en vue de son développement.**

mots-clés de la QUESTION

SOUPLESSE MUSCULAIRE - DÉFINITION - MÉCANISME
MOYENS DE TRAVAIL

1. Définition :

« La souplesse est la capacité d'accomplir des mouvements avec la plus grande amplitude possible, de manière active ou passive. »

Les pièces articulo-musculaires de l'athlète doivent avoir la meilleure efficacité possible pour exprimer au mieux les possibilités énergétiques. Une motricité entravée ou réduite diminue l'efficience gestuelle.

2. Mécanisme :

2.1. La structure musculaire :

Le muscle, recouvert de son aponévrose, est un ensemble de fibres (myofibrilles) enserrées dans des enveloppes conjonctives qui se prolongent aux extrémités pour former les tendons. Lorsque les fibres se contractent, elles tirent sur les différentes gaines, lesquelles à leur tour tirent sur les tendons qui mobilisent les os.

Un muscle est excitable, contractile, extensible, élastique.

2.2. Le fonctionnement :

Un muscle soumis à des contractions répétées se raccourcit et peut perdre de sa longueur initiale (si raccourcissements > allongements).Si l'on soumet un muscle à des étirements répétés (allongement extrême) il conserve une plus grande longueur (plasticité).

La pratique sportive augmente notablement la tonicité musculaire et par là même, limite le jeu articulaire.

L'équipement nerveux (fuseau neuromusculaire et organe tendineux de Golgi) règle les réflexes musculaires :

- **le fuseau neuromusculaire, sensible à l'étirement (vitesse et longueur) provoque une contraction réflexe (raccourcissement) ;**
- **l'organe tendineux de Golgi (encapsulé dans le tendon) désamorce la contraction si celle-ci devient trop forte (relâchement).**

Le tonus cérébral influence directement l'état tonique de la musculature : un petit réseau nerveux (la boucle gamma) est relié directement au fuseau neuromusculaire. L'augmentation de la vigilance (trac) réagit directement sur le muscle (tonus plus important).

Autrement dit, il y a relation directe entre le tonus mental et le tonus musculaire.

3. Moyens de travail de la souplesse :

Les exercices d'assouplissement visent deux objectifs :

- **diminuer l'activité neuro-motrice réflexe (boucle gamma) ;**
- **travailler lentement, sans à-coups, sans temps de ressort.**

Le principe général est de mettre le muscle en position extrême d'allongement, progressivement, sans douleur excessive en se concentrant sur le relâchement de la zone étirée.

3.1. Le stretching (de to stretch = étirer).

Basé sur le principe : « contraction – relâchement – étirement ». Plusieurs méthodes sont opérantes, variant dans les temps à respecter.

Exemple :
- contraction isométrique : 6" ou 12" ou 30" ;
- relâchement : 2" ;
- étirement : 6" ou 12" ou 30".

Autre possibilité : contraction – relâchement – étirement – puis contraction (muscle allongé) - étirement.

3.2. Les étirements « classiques » :

- Étirement lent, progressif, extrême pour dépasser légèrement la limite d'extensibilité musculaire (allongement extrême) et maintien de la position (10" à ......") puis retour progressif à la position initiale.
- Atmosphère calme, douce, propice à la concentration ; tenue ample pour éviter la limitation des mouvements.
- Positions stabilisées, évitant les pertes d'équilibre.
- Étirements quasi-indolores placés sur l'expiration.
- L'étirement passif est plus efficace que l'étirement actif (plus grande amplitude des positions).

mots-clés de la RÉPONSE

AMPLITUDE – STRUCTURE MUSCULAIRE – RÉFLEXE
TONUS – STRETCHING – ÉTIREMENTS

QUESTION 11

Il est peu probable d'être performant dans une discipline sportive, sans avoir pensé et mis en place une programmation d'entraînement.

1. **Définissez la programmation d'entraînement.**
2. **Quels critères vous permettent la construction d'un plan d'entraînement ?**

mots-clés de la QUESTION

PERFORMANT – PROGRAMMATION D'ENTRAÎNEMENT
CRITÈRES D'UN PLAN D'ENTRAÎNEMENT

- Une performance : meilleure prestation physique, technique, tactique.
- La réalisation de la performance est un phénomène très complexe.
- La recherche de l'optimisation ne peut s'établir que si un plan d'entraînement, véritable stratégie, a été mise en place en s'efforçant d'avoir une visée « macroscopique ».

La programmation de l'entraînement : tableau synoptique

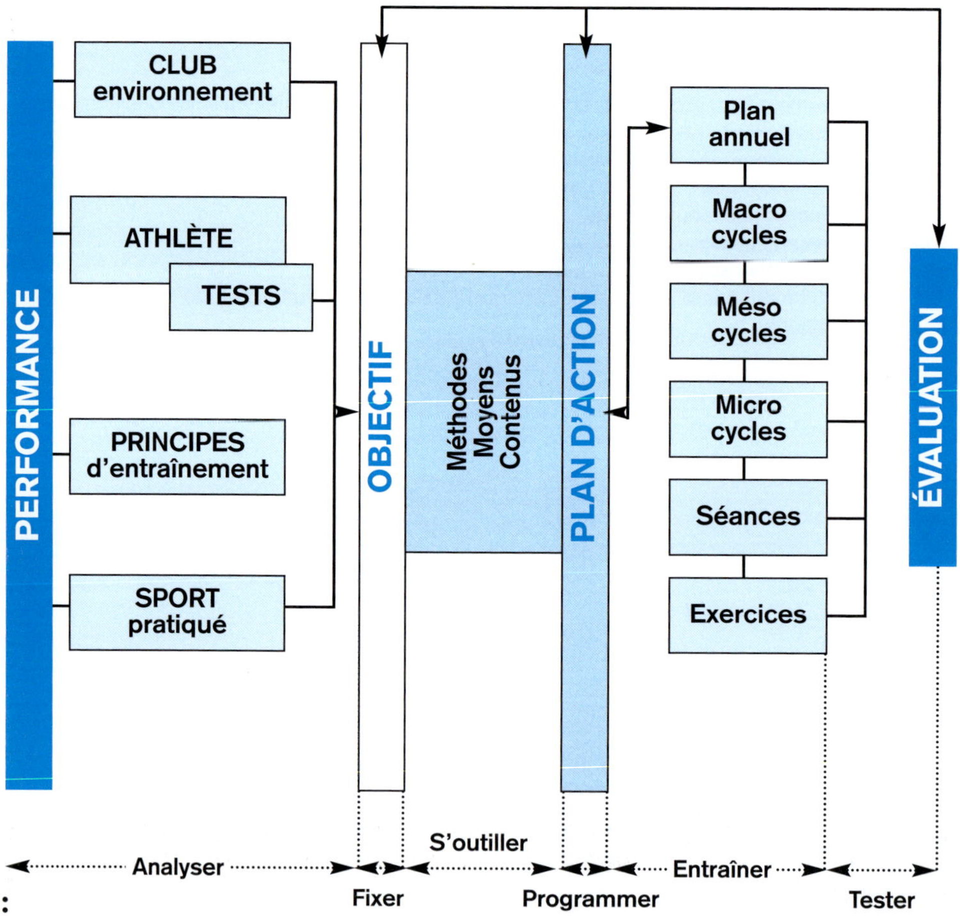

- **programmer : c'est gérer le temps en fonction :**
  - des objectifs,
  - de l'âge des pratiquants,
  - du niveau ;
- **programmer :**
  - à long terme (plan de carrière),
  - moyen terme (plan annuel),
  - court terme ;
- **programmer c'est aussi communiquer le plan d'entraînement aux dirigeants, athlètes, médecins, « staff technique » ;**
- **programmer, c'est agir avec méthode ;**
- **programmer n'est pas appliquer un catalogue de recettes ; c'est ajuster, rectifier, analyser en permanence.**

mots-clés de la RÉPONSE

PERFORMANCE – OBJECTIFS – ENVIRONNEMENT – PLAN D'ACTION PLAN ANNUEL – CYCLES – MÉTHODOLOGIE – ÉVALUATION

QUESTION 12

L'amélioration des qualités physiques des athlètes suppose leur évaluation.
1. **Qu'est-ce que l'évaluation ?**
2. **Dans votre discipline (ou une discipline au choix) décrivez les moyens d'évaluation mis à disposition de l'entraîneur.**

mots-clés de la QUESTION

ÉVALUATION - QUALITÉS ATHLÉTIQUES - MOYENS - DISCIPLINE

L'évaluation doit être abordée sous un angle systémique :

- tests spécifiques à une discipline (exemple de la souplesse en gymnastique),
- tests sociométriques,
- tests psychologiques,
- tests énergétiques.

1. L'évaluation :

- Évaluer consiste à :

1. rassembler des informations,
2. analyser les renseignements,
3. orienter et décider.

- En APS, l'évaluation permet de :

1. identifier les potentialités de l'athlète,
2. apprécier les modifications de l'état fonctionnel,
3. diriger correctement le processus d'entraînement.

- Les outils d'évaluation :

- les tests (entraînement),
- la compétition (seul vrai test).

- La place de l'évaluation :

les tests s'effectuent :

- soit en début de saison
  - diagnostic
  - programmation de l'entraînement
  - travail individualisé
- soit en cours de saison pour évaluer les modifications, résultats d'une période d'entraînement (sommatifs).

  Mais les tests prennent place également dans un processus d'évaluation à long terme (plan de carrière).

- Les qualités des tests :

- validité : degré de précision dans l'exploration de la qualité ;
- fiabilité : stabilité des résultats ;
- objectivité : indépendance des résultats obtenus ;
- facilité : dans la mise en place et l'utilisation (matériel – temps – protocole).

2. Exemple dans une discipline sportive : le football

Il y a nécessité de bien analyser la discipline (principales caractéristiques) et de déterminer les principaux tests utilisés au niveau du terrain.

2.1. Le potentiel aérobie :

- **le test de Cooper : parcourir la plus grande distance possible en 12 minutes ➡ aérobie capacité ;**
- **le test de Léger : test sur piste avec palier de 2 mn ➡ l'aérobie puissance (la vitesse maximale aérobie).**

2.2. La vitesse (anaérobie alactique) :

Tests de 30, 40, 50 mètres, vitesse-navette (2 aller-retour entre les 5,50 m et les 16,50 m).

2.3. La détente :

- **détente verticale : test de Sargent ;**
- **détente horizontale : 5 enjambées avec 2 m d'élan.**

2.4. La résistance (ou aérobie lactique) :

- **test spécifique football ➡ 5 ballons.**

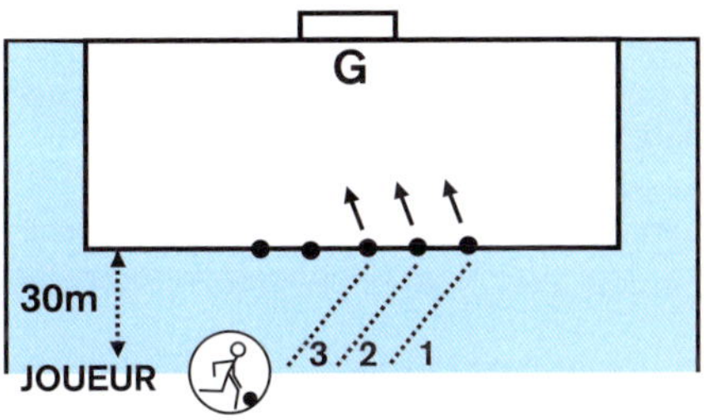

- 5 ballons au 16,50 m,
- parcours chronométré,
- frapper les 5 ballons dans le temps le plus court possible,
- ballon espacé de 5 m,
- joueur placé à 30 m (retour à la balise avant chaque frappe).

2.5. L'adresse : Tests spécifiques

- statique : jonglages (pied – tête – alternatif),
- en mouvement : parcours chronométré avec différents obstacles.

NB :
- l'évaluation est importante mais relative car elle n'est qu'un élément de l'entraînement ;
- attention à trop d'évaluations : le pratiquant se prépare pour l'évaluation et non plus pour la discipline elle-même ;
- l'évaluation véritable demeure la compétition.

mots-clés de la RÉPONSE

ÉVALUATION – TESTS – PLACE – QUALITÉS DES OUTILS
EXEMPLE DU FOOTBALL – RELATIVITÉ

QUESTION 13

Sur le terrain, l'éducateur sportif n'a que la prise des pulsations cardiaques comme moyen de contrôle physiologique du travail effectué par les pratiquants.
Quels renseignements peut lui apporter la fréquence cardiaque ?
Justifiez vos propos en vous appuyant sur des exemples précis.

mots-clés de la QUESTION

PRISE DES PULSATIONS CARDIAQUES – CONTRÔLE PHYSIOLOGIQUE
RENSEIGNEMENTS – EXEMPLES PRÉCIS

– Décalage entre les moyens des contrôles médicaux souvent très sophistiqués et la solitude de l'entraîneur sur le terrain. Exemples : la mesure réelle du VO2 max, la prise de lactates sanguins, les matériels photo-électriques, les caméras vidéo, l'informatique...
– L'entraîneur dispose de la fréquence cardiaque (FC) pour évaluer et voir évoluer le pratiquant au cours de l'exercice.

1. La fréquence cardiaque (FC) :

1.1. Définition : c'est le nombre de battements du cœur par minute, témoin de l'adaptation de l'athlète à l'effort (systèmes cardio-vasculaire et respiratoire). C'est le « compte-tours » de l'athlète (par analogie à la voiture).

1.2. La prise de pulsations :

- enregistrement avec 2 ou 3 doigts (pulpe) en comprimant légèrement l'artère carotide (cou) ou l'artère radiale (poignet) ou directement la main sur le cœur ;
- le comptage est fait sur 15 secondes (multiplié par 4 pour rapporter à la minute) ;
- elle s'effectue avec soin (car l'erreur est démultipliée d'autant) rapidement après l'effort car la baisse de la FC est très nette dans les vingt premières secondes de récupération ;
- plus grande précision avec le cardio-fréquence-mètre (sport tester).

1.3. Les renseignements :

- À travers les différentes pulsations enregistrées, il est possible d'analyser différentes fréquences.

1. La FC de repos :
   - se prend le matin avant le lever ;
   - est le témoin de l'adaptation à long terme (baisse) ;
   - certains grands champions présentent des FC de repos inférieures à 4 pulsations/mn : cyclisme sur route – marathon – ski de fond ;
   - une augmentation anormale peut trahir un certain état de fatigue.
2. La FC maximale :
   - mesurée à l'effort maximal ;
   - formule d'Astrand : FC max = 220 – âge du sujet.
3. La FC de travail :
   - nombre de battements DÈS la fin de l'effort.

4. La FC de récupération :
   - nombre de battements enregistrés pendant la phase de repos, à partir duquel le pratiquant peut recommencer un nouvel effort en fonction de l'objectif visé :
     - récupération complète en anaérobie alactique,
     - récupération incomplète en anaérobie lactique.

2. Exemple pratique :

En s'appuyant sur la notion de FC de réserve, on peut calculer la FC de travail en vue d'un développement du potentiel aérobie puissance (80 % de VMA) :

- FC de réserve = FC max – FC repos.

Pour un athlète de 16 ans :

FC réserve = 200 – 60 = 140 pulsations ;

- à 80 % de VMA, la FC de travail correspond à 90 % de la FC max.

Ainsi :

FC travail (80 % VMA) = 90 % FC réserve + FC repos
FC travail = 126 + 60 = 186
(126 = 90 % de 140).

– La prise de pulsations peut en outre refléter l'état de condition physique (➡ Test de Ruffier-Dickson) ou des anomalies fonctionnelles.

– La FC autorise un entraînement rationnel et un entraînement individualisé.

– La FC suscite une relation de confiance entre entraînés et entraîneur (objectifs recherchés en commun).

mots-clés de la RÉPONSE

FC – ADAPTATION À L'EFFORT – FC DE REPOS – FC DE TRAVAIL FC MAX – FC DE RÉSERVE – CONTRÔLE

QUESTION 14

Il est courant de constater que l'éducateur sportif néglige l'échauffement dans l'organisation de sa séance.

1. **Définissez l'échauffement, ses répercussions, sa méthodologie.**
2. **Prenez position quant à la nécessité de s'échauffer avant l'effort (exemple dans une discipline de votre choix).**

mots-clés de la QUESTION

ÉCHAUFFEMENT – DÉFINISSEZ – RÉPERCUSSIONS – MÉTHODOLOGIE PRENEZ POSITION – NÉCESSITÉ DE S'ÉCHAUFFER

1. L'échauffement :

1.1. Définition : période du début de l'entraînement ou de la compétition, de durée plus ou moins longue, d'intensité plus ou moins importante.

Il a pour objectif d'établir un état optimal de préparation à la performance tant au plan physiologique que psychique.

1.2. Ses répercussions :

- **une amélioration des possibilités organiques :**
  - ↗ température corporelle (20 mn de footing amène le corps à 38,5 de température),
  - ↗ débit sanguin et de l'irrigation musculaire,
  - ↗ vitesse de contraction musculaire,
  - meilleure utilisation de l'oxygène (transport et diffusion tissulaire) ;
- **une amélioration de la coordination :**
  - meilleure transmission de l'influx nerveux,
  - plus grande sensibilité proprioceptive,
  - économie d'énergie ;
- **une optimisation psychique à la réalisation de la performance : attention-concentration ;**
- **une prévention des blessures :**
  - baisse de la viscosité de la synovie,
  - diminution des frottements au niveau articulaire et musculaire.

2. Méthodologie de l'échauffement :

- **2 parties :**
  - un échauffement généralisé,
  - un échauffement spécifique ;
- **les contenus sont orientés en fonction des exercices de l'entraînement à venir ou de la compétition ;**
- **l'échauffement est :**
  - progressif, dosé,
  - orienté,
  - actif (ou passif ➡ massages).

3. Exemple :

Match de football (compétition), coup d'envoi à 20 heures.

- 19 h 20 : début de l'échauffement,
  - – 8 mn : échauffement collectif généralisé sans ballon (course),
  - – 2 mn : étirements (stretching),
  - – 10 mn : exercices techniques, par trio évoluant ensemble,
  - – 2 mn : étirements,
  - – 3 x 1 mn : passe à 10,
  - – 2 mn : étirements.
- 19 h 50 : rentrée aux vestiaires ➡ préparation et regroupement psychologique (« cri de guerre »).

4. Nécessité de l'échauffement :

Il arrive parfois, qu'en cours de compétition, un joueur entre sur le terrain sans s'être échauffé (cela est de moins en moins fréquent sauf en cas de blessures inopinées). En tout état de cause, cela n'est pas recommandé.
En effet l'échauffement est une contribution primordiale à l'amélioration de la performance et dans la prévention des blessures.

Par contre, il ne doit pas :

- entamer les réserves énergétiques (dosage),
- entraîner de fatigue superflue,
- amener une dispersion psychologique.

mots-clés de la RÉPONSE

ÉCHAUFFEMENT – RÉPERCUSSIONS ORGANIQUES ET MENTALES
MÉTHODOLOGIE – PRÉPARATION À LA COMPÉTITION

QUESTION 15

L'exercice physique s'organise autour de deux notions étroitement liées : EFFORT-RÉCUPÉRATION.
En vous appuyant sur des exemples précis, définissez ces éléments et précisez quelle importance vous leur accordez dans l'organisation de votre entraînement.

mots-clés de la QUESTION

EFFORT – RÉCUPÉRATION – EXERCICE PHYSIQUE – DÉFINISSEZ EXEMPLES – ORGANISATION DE L'ENTRAÎNEMENT

- **L'organisme vivant a un besoin constant d'énergie pour assurer la vie. Cette énergie prend différentes formes : électrique, thermique, mécanique... Dans le contexte de l'exercice physique, l'énergie mécanique est prépondérante.**
- **L'exercice physique est l'acte moteur sous toutes ses formes : courir, sauter, lancer, nager...**
- **Cette production d'effort nécessite de l'énergie, transformant de l'énergie chimique en énergie mécanique.**
- **Tout mouvement ne trouve réalité que s'il se situe dans un enchaînement d'actes moteurs : la gestualité.**

Afin qu'il y ait continuité, il y a nécessité d'une récupération : c'est la période de temps, plus ou moins longue, située entre chaque effort permettant la restauration du potentiel énergétique.

Exemple : les enfants, pendant leurs jeux, observent tout naturellement des temps de repos.

Ceci induit l'entité fonctionnelle : EFFORT-RÉCUPÉRATION.

1. Effort-récupération :

- **EFFORT**
  - durée
  - intensité
  - } → vitesse / endurance
- **RÉCUPÉRATION**
  - durée
  - intensité
  - } → complète / incomplète

- **Observations :**
  - critères communs : durée et intensité,
  - ces 4 critères s'influencent réciproquement.

2. Effort-récupération et l'entraînement :

- **Exemple : objectif visé ➡ développement des qualités de vitesse.**
- **Entraînement proposé :**
  - effort : 3 x 5 x 40 à vitesse maxima ;
  - récupération : complète
    - ➡ 1 mn 30 entre chaque répétition,
    - ➡ 10 mn entre chaque série.
- **Importance de la prise en compte des temps de récupération qui doit être complète, sinon possible approche d'un entraînement non plus vitesse mais à répercussion lactique (résistance).**

3. Programmation de l'entraînement :

Dans la gestion de l'effort-récupération, l'éducateur sportif a la possibilité :

- de moduler
  - sur l'effort,
  - sur la récupération ;
- d'organiser la récupération
  - dans la séance elle-même,
  - après la séance,
  - entre les séances,
  - entre les cycles d'entraînement en fonction des objectifs recherchés.

Effort-récupération est une véritable entité fonctionnelle n'ayant de sens que dans une approche globale, cependant la récupération est parfois négligée (méforme, surmenage...). Elle est déterminante dans la gestion de la fatigue. Si l'entraînement suscite des désordres fonctionnels, c'est l'entraîneur qui est garant de la récupération.

mots-clés de la RÉPONSE

LE DUO EFFORT-RÉCUPÉRATION – DURÉE – INTENSITÉ
GESTION DE LA FATIGUE – ORGANISATION DE L'ENTRAÎNEMENT

QUESTION 16

L'entraîneur peut être considéré comme un gestionnaire de la fatigue. À ce titre, la récupération fait partie intégrante de la pratique sportive. Elle prend des formes différentes selon les activités pratiquées ou les objectifs recherchés. Analysez les différents aspects de la récupération.

mots-clés de la QUESTION

RÉCUPÉRATION – FORMES DIFFÉRENTES
ANALYSEZ DIFFÉRENTS ASPECTS

- **La récupération supporte très souvent les causes de la contre-performance : « J'avais mal récupéré ! ».**
- **Comment s'organise l'entraîneur pour gérer la fatigue ?**

1. La récupération :

- **Effort/récupération :**
  - effort = temps de l'exercice = dépense énergétique,
  - récupération = temps de repos = restauration des réserves.
- **Place de la récupération :**

Elle peut se résumer en 3 grands points.

1. L'athlète

- âge
- niveau
  - débutant
  - confirmé
  - athlète de haut niveau

2. Le processus d'entraînement

- dans l'entraînement :
  - ➡ la séance,
- principes d'entraînement,
- échauffement,
- étirements ;
  - ➡ entre les séances : principe de surcompensation ;
  - ➡ périodisation : les cycles ;
- en fonction des objectifs d'entraînement.

3. Les facteurs favorisant la performance

- L'hygiène de vie du sportif :
  - ➡ alimentation,
  - ➡ réhydratation,
  - ➡ sommeil,
  - ➡ soins-suivi médical,
  - ➡ conduite de vie ➡ abus.

2. La récupération est trop souvent négligée et trop souvent dissociée de l'effort : les deux sont intimement liés. La mauvaise gestion de la fatigue crée une spirale de l'échec avec méforme et surmenage.

mots-clés de la RÉPONSE

EFFORT/RÉCUPÉRATION – REPOS – GESTION DE LA FATIGUE
ORGANISATION DE L'ENTRAÎNEMENT
FACTEURS ENVIRONNANTS – SURMENAGE

QUESTION 17

Lors d'un stage de début de saison (remise en condition physique générale) vous souhaitez sensibilisez vos pratiquants à l'intérêt d'une alimentation équilibrée.
Comment faites-vous et quelles recommandations exposez-vous ?

mots-clés de la QUESTION

STAGE – SENSIBILISER – ALIMENTATION ÉQUILIBRÉE
COMMENT – RECOMMANDATIONS

Un stage de début de saison est un excellent moment pour sensibiliser des athlètes à la nécessité d'une alimentation équilibrée.

Les temps de récupération (entre les séances et ceux situés entre les exercices) sont utilisés pour avancer des arguments clairs et simples.

En effet il ne faut pas confondre :

- l'alimentation : c'est le bon sens ➡ conseils simples,
- la diététique : c'est la règle ➡ calcul en grammes, calories.

Pour les sportifs, il faut parler d'alimentation.

Des plages horaires sont balisées pour parler des apports alimentaires (grands repères), les temps de récupération sur le terrain (hydratation) permettent d'illustrer certains propos.

1. Présentation générale :

L'alimentation, si elle ne fait pas la performance, peut y contribuer fortement.

1.1. Pourquoi manger ?

- besoin plastique : fonctionnement, entretien, réparation des cellules,
- besoin énergétique : le carburant des moteurs cellulaires,
- besoin culturel : plaisir et tradition (fête).

1.2. Origines des aliments :

- protides (P) : éléments de croissance et de construction (les acides aminés) : viandes, œufs, poissons, lait, céréales,
- lipides (L) : origines animales (graisse, beurre) ou végétale (huiles),
- glucides (G) : aliments énergétiques en sucres simples (fruits, légumes) et sucres lents (céréales, pommes de terre, légumes secs, pâtes).

2. L'alimentation du sportif :

Une règle essentielle : « user de tout, n'abuser de rien », c'est-à-dire aucune exclusive : « un peu de tout mais de tout assez ».

2.1. Repères de quantité :

À chacun sa portion, sa norme (« autonormie ») 421 GPL (Dr Creff).

– 4 portions de glucides :

- 1 portion de céréales (sucres lents) : pain, haricots, riz, pâtes...,
- 1 portion de « cuidités » : légumes ou fruits cuits,
- 1 portion de crudités : légumes ou fruits crus,
- 1 portion de sucreries (sucres rapides) : fruit, miel, friandise ;

- **2 portions de protides :**
  - 1 portion de lactés : lait, fromage, yaourt,
  - 1 portion de viande : viandes, œufs, poissons ;
- **1 portion de lipides :**
  - 1/2 portion animale : beurre, graisse (charcuterie)...,
  - 1/2 portion végétale : huiles.

2.2. Repères de qualité :

- **pour les sucres : 1/4 sucres rapides, 3/4 sucres lents ;**
- **pour les graisses : 1/3 saturées, 2/3 insaturées (végétales) ;**
- **pour les protides : 1/2 animales, 1/2 végétales (céréales et légumineuses).**

2.3. Besoins en eau du sportif :

La perte d'eau quotidienne est de 2,5 litre par jour chez le sédentaire : 50 % compensée dans les aliments eux-mêmes, 50 % ingérée dans l'eau de boisson (1,5 litre/jour).

« Boire avant d'avoir soif », de l'eau modérément minéralisée, fraîche sans être glacée. Boire périodiquement au cours de l'effort. Dans la pratique de sa discipline, le sportif suant davantage, doit compenser les pertes supplémentaires.

3. Les rations du sportif :

3.1. Ration d'entraînement :

- équilibre dans les repas : petit déjeuner (25 %), déjeuner (40 %), goûter (5 %), dîner (30 %),
- équilibre dans la ration : 421 GPL.

3.2. Ration de compétition :

- la veille d'une compétition, on ne change rien,
- le repas d'avant-match est pris trois heures avant au minimum,
- la ration d'attente est possible (eau).

3.3. Ration de récupération :

- le repas d'après-compétition : réhydratation et alimentation légère (élimination de la fatigue).

4. Conseils supplémentaires :

- diminuer le sel de table (sauf si transpiration abondante),
- diminuer les graisses et sucre raffiné,
- surveiller la consommation d'alcool (élixir),
- diminuer voire stopper le tabac (avant la compétition),
- manger à heures fixes.

mots-clés de la RÉPONSE

421 GPL – BESOIN EN EAU – RATIONS – CONSEILS

QUESTION 18

On observe que beaucoup de sportifs boivent et au cours de l'entraînement et dans la compétition. En vous appuyant sur des exemples précis, vous expliquerez l'importance de l'hydratation dans la pratique sportive.

mots-clés de la QUESTION

BOIRE – ENTRAÎNEMENT – COMPÉTITION – EXEMPLES IMPORTANCE DE L'HYDRATATION – PRATIQUE SPORTIVE

- **Place de l'eau dans la physiologie humaine :**

  Exemple : l'eau représente 60 à 70 % du poids corporel (2/3 intracellulaire, 1/3 extracellulaire).

- **Chez le sportif :**

  Exemple : 2 % de perte d'eau non compensée entraîne une baisse d'environ 20 % du potentiel de performance.

- **D'où importance de la compensation ➡ réhydratation.**

1. L'eau et ses fonctions :

- **c'est un solvant nécessaire au fonctionnement cellulaire ;**
- **elle joue un rôle dans la thermo-régulation. Le rendement mécanique du « moteur musculaire » est de 25 % environ, accompagné d'une production de chaleur (75 %) qui augmente la température corporelle. Celle-ci se régule grâce à la transpiration puis à l'évaporation : il y a perte d'eau (à 28° C, un coureur de fond peut perdre jusqu'à 2 litres par heure) ;**
- **elle est nécessaire aux réactions enzymatiques ;**
- **elle joue un rôle amortisseur (exemple : le liquide céphalo-rachidien et le cerveau).**

2. La déshydratation :

2.1. Conséquences :

- **chez le sportif ou le sédentaire :**
  - problèmes digestifs,
  - difficultés fonctionnelles urinaires (calculs),
  - accidents musculaires : crampes,
  - baisse du volume d'éjection systolique,
  - augmentation du travail cardiaque,
  - accroissement de la température,
  - sensation de « mal-être », désir de s'arrêter ;
- **baisse de la performance :**
  - à 3 % de perte d'eau, la durée de l'effort diminue de 20 %, la FC augmente de 5 %,
  - à 4 %, le VO2 max est réduit de 20 %,
  - à 5 %, la durée de l'effort est diminuée de 40 % et la FC augmente de 10 %.

2.2. Causes :

- **la perte d'eau est fonction de la durée et de l'intensité de l'effort (différence entre un 100 m et un marathon) ;**
- **les conditions climatiques :**
  - température ambiante,
  - humidité de l'air (hygrométrie) : plus l'air est humide, plus difficile est l'évaporation (voir aux J.O. d'Atlanta où le degré hygrométrique variait de 80 à 90 %),
  - l'altitude : en montagne, l'air est plus sec et augmente la déshydratation ;
- **l'habillement ;**
- **le niveau d'hydratation avant le début de l'effort (quand on a soif, on est déjà en déficit d'environ 1,5 litre).**

3. Se réhydrater :

Boire : Quand ? Quoi ? Combien ? Comment ?

3.1. Avant l'effort :

Boire de l'eau faiblement minéralisée (ration d'attente), avant d'avoir soif. Attention aux boissons sucrées avant l'effort (réaction hypoglycémiante).

3.2. Pendant l'effort :

- Essayer de compenser les pertes subies (possibilités réglementaires en fonction des disciplines);
- On peut boire de 0,5 l à 1 l par heure en prises fractionnées.
- La boisson est de l'eau, additionnée de glucides (25 g/l), de sels minéraux (pincée de sel) à température voisine de 10° à 15° C.

3.3. Après l'effort :

Reconstituer les pertes hydriques :

- dès la fin de l'effort : boire à satiété (eau minéralisée),
- au repas d'après-match : potage, eau...

La réhydratation est impérative. Le « pouvoir sportif », sous la pression des médecins-physiologistes du sport, ont pris conscience de cette obligation :

- nombreux points de ravitaillement au marathon, en athlétisme, dès le début de la course ;
- bouteilles d'eau placées au bord de la touche en football...

N.B. : Le cyclisme pénalise encore des ravitaillements hors zones spécifiques.

L'éducateur sportif a un rôle préventif important.

mots-clés de la RÉPONSE

EAU – THERMORÉGULATION – PERFORMANCE – RÉSERVES
QUOI BOIRE ? QUAND ? – COMBIEN ? – COMMENT ?

QUESTION 19

L'hygiène de vie du sportif est facteur de performance et de prévention des blessures.
1. **Définissez l'hygiène de vie.**
2. **Exposez-en les principes fondamentaux (illustrez avec des exemples).**

mots-clés de la QUESTION

HYGIÈNE DE VIE - DÉFINISSEZ - PRINCIPES - EXEMPLES

1. Définition :

La « diéta » grecque englobe la « bonne manière de vivre ». Elle envisage non seulement l'alimentation mais aussi l'environnement général de la vie.

C'est pourquoi l'hygiène de vie représente tout ce qui peut contribuer à l'amélioration de la performance du sportif : récupération, sommeil, soins, alimentation, consommation d'excitants (alcool, tabac...).

N.B. : La diététique a concentré l'ensemble des règles alimentaires, réduisant le champ de la diéta grecque. Les règles élémentaires de l'hygiène de vie ressortent d'un même esprit : « user de tout, n'abuser de rien ».

2. Les principes fondamentaux :

2.1. L'alimentation :

- 421 GPL,
- besoins en eau,
- rations d'entraînement, de compétition, de récupération (voir question SB17),
- limiter la consommation d'alcool et de tabac.

2.2. Le sommeil :

Rôle très important dans la récupération quotidienne de la fatigue journalière. Il est lié à l'élimination des déchets métaboliques et à la disparition des stimuli nerveux qui sollicitent le cerveau.

- Il « recharge les batteries ».
- Un sportif se doit de dormir entre 8 h et 10 h par nuit (même s'il existe de grandes différences individuelles).
- Il est indispensable à la fixation des acquis (engrammation neuronale) et participe activement à la mémorisation.

2.3. La récupération :

Elle représente l'ensemble des moyens permettant à l'athlète d'effacer le mieux possible les effets de la fatigue, survenus après les efforts physiques intenses de l'entraînement ou de la compétition (régénération de l'organisme).

La négliger conduit inéluctablement à un état de fatigue : massage, bains décontractants (jacuzzi), sauna sont des moyens mis à disposition de l'entraîneur.

2.4. Les soins :

– les soins personnels :

- entretien minutieux des pieds et des mains (éviter ou soigner ampoules, cors, ongles incarnés, verrues plantaires...) ; exemple : port de sandales sous la douche (mycose),
- les vaccinations (exemple : antitétanique),
- l'hygiène bucco-dentaire : soigner les caries, se brosser régulièrement les dents après chaque repas ; elle permet d'éviter des problèmes musculo-tendineux,
- la douche (ou le bain) : effet relaxant et calmant.

– les soins extérieurs :

- les massages : relâchement musculaire et drainage des toxines de fatigue,
- le sauna : sudation exagérée dans une atmosphère saturée de vapeur d'eau (à utiliser avec précaution),
- les blessures : toute blessure doit être examinée par un médecin et traitée en conséquence (liaison avec le kinésithérapeute).

mots-clés de la RÉPONSE

DIÉTA – ALIMENTATION – SOMMEIL – RÉCUPÉRATION – SOINS

QUESTION 20

Certains sportifs, pour améliorer leurs performances, n'hésitent pas à utiliser des produits dopants.

1. Donnez quelques exemples de produits dopants en montrant les effets recherchés et les dangers.
2. Que pensez-vous de cette pratique ?

mots-clés de la QUESTION

AMÉLIORER – PERFORMANCE – EXEMPLES
PRODUITS DOPANTS – EFFETS – DANGERS
CF. CISEJ 71

1. Le dopage :

1.1. Définition :

Article L. 232-9 du code du sport est considéré comme dopage, le fait :

- **d'utiliser des substances et procédés interdits ;**
- **d'administrer ou d'appliquer ces substances ou procédés (y compris aux animaux) ;**

Aucun sport n'est à l'abri du dopage, certains y sont particulièrement exposés (ceux à dominante énergétique).

1.2. Différentes classes de substances dopantes

1. Amphétamine et excitants :

➨ **effets recherchés :**
- stimulant de l'éveil,
- stimulant système cardio-respiratoire,
- diminution de la sensation de fatigue ;

➨ **dangers :**
- risques cardio-vasculaires,
- accoutumance-dépendance.

2. Stupéfiants et anti-douleurs :

➨ **effets recherchés :**
- euphorie-excitation,
- agressivité ;

➨ **dangers :**
- troubles digestifs et respiratoires,
- accoutumance-dépendance.

3. Cortisone et corticoïdes :

➨ **effets recherchés :**
- euphorie,
- stimulation volonté,
- action antalgique ;

➨ **dangers :**
- troubles hydro-minéral et glucidique,
- sensibilité aux infections,
- troubles neuro-psychiatriques,
- dépasser les signaux d'alarme.

4. Testostérone et anabolisants :

➨ **effets recherchés :**
- développement musculaire,
- stimulation volonté et agressivité,
- recul de la fatigue ;

➨ **dangers :**
- fragilisation musculo-tendineuse,
- atteintes organiques (foie-reins),
- virilisation de la femme.

5. Hormones :

De l'hormone de croissance à l'érythropoïétine, elles sont nombreuses actuellement dans la panoplie des substances dopantes. Leurs effets sont très spécifiques : de l'anabolisme musculaire (HGH) à la concentration accrue de globules rouges (EPO) les dangers sont nombreux : troubles neuro-vasculaires, diabète, hypertension, cancers…

6. Diurétiques et produits marquants :

➨ **effets recherchés :**
- perte de poids,
- masque des produits dopants ;

➨ **dangers :**
- hypotension,
- déshydratation.

7. Bêta-bloquants :

➨ **effets recherchés :**
- anti-stress,
- baisse FC ;

➨ **dangers :**
- vertiges, céphalées, hypotension,
- troubles rythme cardiaque.

8. Anesthésiques locaux :

➨ **effets recherchés :**
- suppression de la douleur ;

➨ **dangers :**
- réactions anaphylactiques,
- dépasser les signaux d'alarme.

2. Les pilules ne font pas les champions. Le problème des dopés devient celui des dupés.

Actuellement les athlètes ont entrepris une escalade vertigineuse qui les portent vers des sommets de toxicité, notamment avec la classe des hormones.

Ces médicaments, préalablement administrés à des malades, sont détournés de leurs finalités thérapeutiques pour « optimiser » le rendement des athlètes. Ceux-ci prennent des risques insensés pour être les meilleurs. Les causes sont connues (voir question E. Sp 96) :

- **calendriers sportifs démentiels ;**
- **sur-médiatisation du sport ;**
- **enjeux financiers…**

Aujourd'hui, on assiste à une course poursuite entre sportifs et laboratoires d'analyse : les produits décelés sont remplacés par de nouveaux. Cette escalade prend des proportions démesurées.
Qui peut penser enrayer ce phénomène ?

mots-clés de la RÉPONSE

DOPAGE – DÉFINITION – CLASSES DE PRODUITS DOPANTS SURENCHÈRE

2

LES SCIENCES HUMAINES (ÉCRIT)

PRÉSENTATION

Ce programme est construit autour de trois grandes parties :

1. Connaissance et compréhension des différents publics :

L'éducateur sportif peut intervenir auprès d'enfants débutants à l'école de sports (5-6 ans) en passant par les adolescents jusqu'aux adultes retraités, découvrant du temps libre pour s'occuper d'eux-mêmes.

Les connaissances sont autant du domaine de la biologie et les questions pourraient être transversales, traitées sous un double éclairage. Au-delà de ces publics « classiques », nous donnons un léger aperçu sur les handicapés bien que les savoirs soient particuliers aussi bien psychologiques que techniques (il semble que l'éducateur BEES 1, spécialiste d'une discipline, manque de formation en ce domaine).

Questions SH21 à SH27.

2. Animation d'un groupe ou d'un public :

Cette partie est plus largement développée que dans l'ancien texte. Elle s'intéresse aux attentes des différents publics et à la manière dont l'éducateur sportif programme son travail, tout en maîtrisant les phénomènes propres au fonctionnement d'un groupe.

Questions SH28 à SH34.

3. Enseignement des APS :

La troisième partie, inventoriant les difficultés de la transmission des savoirs, permet d'aborder la réalité des situations d'apprentissage mises en place par l'enseignant.

Questions SH35 à SH45.

PRÉSENTATION

QUESTION 21

Dans votre association sportive, les dirigeants vous confient l'encadrement des enfants de 6 à 8 ans.
1. Quelles sont les caractéristiques de cette tranche d'âge ?
2. Quelles incidences pédagogiques générales en tirez-vous dans l'animation des séances ?

mots-clés de la QUESTION

CARACTÉRISTIQUES DES 6-8 ANS – INCIDENCES PÉDAGOGIQUES ANIMATION

L'enfant de 6-8 ans entre dans le premier cycle de l'école élémentaire. Il s'ouvre sur le monde extérieur en sortant du cercle familial : l'école et le club sportif sont les lieux privilégiés de son développement. Cette étape, appelée moyenne enfance, se caractérise par un comportement moteur enthousiaste et fougueux, s'illustrant dans l'intérêt éprouvé par la pratique sportive (âge d'inscription en club).

1. Caractéristiques de cette tranche d'âge :

1.1. Au plan morphobiologique :

- **croissance :**
  - 5 cm-2 kg par an,
  - relative fragilité osseuse,
  - faible masse musculaire,
  - grande amplitude articulaire ;
- **équipement organique :**
  - rythme cardiaque élevé,
  - adaptation délicate à l'effort : rapide fatigabilité, rapide récupération,
  - fragilité d'ensemble.

1.2. Au plan psycho-moteur et cognitif

- **maîtrise corporelle :**
  - difficultés pour courir et sauter,
  - difficultés d'équilibration en mouvement,
  - nombreuses chutes ;
- **perception espace-temps :**
  - distances mal appréciées,
  - notion de temps à construire,
  - latéralisation non acquise ;
- **aspect cognitif :**
  - attention fugace et limitée,
  - prédominance du concret (sur l'abstrait),
  - grande faculté d'imitation.

1.3. Au plan socio-affectif :

- **aspect social :**
  - la famille est son milieu privilégié d'évolution. En s'inscrivant au club, il sort de sa cellule sécurisante et découvre un nouveau groupe,
  - il entre à l'école (cours préparatoire) ;

– aspect affectif :

- il est égocentrique (Moi, je) : il joue « à côté » des autres enfants, rarement « avec », il est possessif,
- il est plein de vie, il aime le jeu et les jeux,
- il a besoin d'autorité (repère) et d'affection,
- il est dans l'âge du rêve, de l'imaginaire, du conte.

2. Incidences pédagogiques générales :

– C'est l'âge favorable à l'acquisition d'habiletés motrices générales : développement et enrichissement du répertoire gestuel, amélioration de la coordination. C'est la période d'un « Entraînement » multi-disciplinaire avec découverte des gestes fondamentaux (course, saut, lutte, lancer, grimper, nager...). Il convient de multiplier les expériences motrices globales, surtout sans fixation prématurée sur une famille d'habiletés spécifiques.

– Surveiller la durée des efforts (intenses et brefs) et favoriser un fractionnement de l'activité ou laisser l'enfant choisir son rythme (pauses fréquentes).

– Varier les matériels utilisés (objets aux formes et aux couleurs différentes).

– Matérialiser l'espace des aires de jeu.

– Ne pas privilégier le côté de l'exécution motrice.

– Démontrer plus qu'expliquer. L'imitation étant facilitée, faire des démonstrations correctes. S'il y a explication, elle se fait en termes simples et concrets. Un mot prioritaire : l'ACTION.

– Faire jouer : le jeu est premier chez l'enfant.

– Favoriser la réussite pour motiver la pratique.

– Mettre en place des séances courtes (45 mn à 1 h).

mots-clés de la RÉPONSE

**MOYENNE ENFANCE – CROISSANCE – ÉGOCENTRISME
JEU MULTIDISCIPLINAIRE – PRIORITÉ À L'ACTION**

QUESTION 22

Dans votre association sportive, les dirigeants vous confient l'encadrement des enfants de 8 à 12 ans.
1. Quelles sont les caractéristiques de cette tranche d'âge ?
2. Quelles incidences pédagogiques en tirez-vous dans l'animation de vos séances ?

mots-clés de la QUESTION

CARACTÉRISTIQUES DES 8-12 ANS
INCIDENCES PÉDAGOGIQUES – ANIMATION

L'enfant de 8-12 ans entre dans une période propice à tous les apprentissages tant scolaires que moteurs. La grande enfance se caractérise par de nombreuses acquisitions (« l'âge d'or »). La transition avec la moyenne enfance est graduelle et progressive.

1. Caractéristiques de cette tranche d'âge :

1.1. Au plan morpho-biologique :

– croissance :

- le rythme est régulier,
- la tête, proportionnellement moins volumineuse par rapport au corps, amène l'enfant à être mieux équilibré (moins de chutes),
- maturation du système nerveux,
- peu de puissance musculaire,
- déjà, quelques différences inter-individuelles de stature peuvent apparaître ;

– équipement organique :

- pas équipé pour les efforts de résistance,
- il présente une bonne endurance aérobie (malgré un rythme cardiaque élevé),
- grande disparité dans les possibilités des enfants.

1.2. Au plan psycho-moteur et cognitif :

La maturation nerveuse augmente les possibilités du « grand enfant ».

– Maîtrise corporelle :

- mouvements de plus en plus précis,
- l'équilibre est mieux assuré,
- la coordination s'améliore.

– Perception espace/temps :

La latéralisation est en voie de détermination.

– aspect cognitif :

- l'enfant développe un esprit d'analyse et une plus grande capacité d'attention : il est curieux d'apprendre et de comprendre,
- il peut appréhender un autre point de vue que le sien (début de décentration),
- il peut progressivement passer vers l'abstrait.

1.3. Au plan socio-affectif :

– aspect social :

- respect des valeurs familiales, des règles imposées,
- socialisation importante : ouverture vers l'extérieur,
- importance des copains,
- acceptation des tâches dans le groupe (bonne volonté) ;

– aspect affectif :

- son respect de la règle imposée (société, famille, groupe, école...) lui fait rejeter l'injustice, la fraude : la règle est la règle. Il est franc.

2. Incidences pédagogiques générales :

– « Meilleur âge » pour l'apprentissage en général et l'acquisition des techniques sportives de base : multiplication des expériences et enrichissement du répertoire gestuel.

– Mise en place de tâches motrices faisant appel à la vitesse d'exécution, l'adresse, la précision. Attention, ne pas laisser apprendre des gestes médiocres ou faux, il faut travailler sur la qualité.

– L'enfant est endurant : travail aérobie à développer. Il se dépense sans économie (prévoir les temps de récupération). La vitesse est aussi à privilégier.

– Les différences morpho-biologiques interindividuelles imposent de partager le groupe par niveaux.

– Respecter et faire respecter les règles établies en commun.

– Importance du JEU et des formes jouées (Question SH45).

– L'enfant peut imaginer (abstraction) et concevoir ce que l'autre va faire, permettant la mise au point de tactiques simples (individuelles ou collectives).

– Développer un esprit de groupe (de club).

– Mettre en place des séances courtes (1 h).

– La mixité ne pose pas de difficultés particulières.

mots-clés de la RÉPONSE

GRANDE ENFANCE – CROISSANCE – ÂGE D'OR DES APPRENTISSAGES – RÈGLE – SOCIALISATION

QUESTION 23

Dans votre association sportive, les dirigeants vous confient l'encadrement des jeunes de 13 à 16 ans.
1. Quelles sont les caractéristiques de cette tranche d'âge ?
2. Quelles incidences pédagogiques en tirez-vous pour l'animation de vos séances ?

mots-clés de la QUESTION

CARACTÉRISTIQUES DES 13-16 ANS
INCIDENCES PÉDAGOGIQUES - ANIMATION

Le jeune de 13-16 ans entre dans une période délicate, la puberté. Il va se trouver confronté à un bouleversement sur tous les plans : morpho-biologique, psychologique et affectif. C'est pourquoi on la qualifie souvent de « crise d'adolescence ».

1. Caractéristiques de cette tranche d'âge :

1.1. Au plan morpho-biologique :

– croissance :

- accélération due à la poussée hormonale (taille : 10 cm/an, poids : 4-5 kg/an). Elle entraîne une étape de disgrâce (stade de « l'échassier » ou de « l'asperge »). La différenciation est nette entre filles et garçons,
- le volume musculaire augmente (testostérone). Il existe un décalage entre les croissances osseuse, ligamentaire et musculaire (raideurs-douleurs, voire blessures),
- fatigabilité due aux poussées de croissance ;

– équipement organique :

- augmentation des possibilités aérobies (VO2 max).

1.2. Au plan psycho-moteur et cognitif :

– maîtrise corporelle :

- le schéma corporel est perturbé (modifications segmentaires) avec diminution du contrôle de soi. Il est littéralement « mal dans sa peau »,
- instabilité motrice allant de l'agitation turbulente à l'apathie.

– aspect cognitif :

- l'adolescent accède à la pensée abstraite. Il raisonne sur les idées, analyse, déduit, idéalise. C'est l'époque des discours enflammés, des prises de positions diverses et contradictoires. Il développe un esprit critique (de critique ?),
- il trouve des solutions idéales et n'admet que très difficilement le compromis : il discute en permanence.

1.3. Au plan socio-affectif :

– aspect social :

- il s'oppose aux parents (discussions, projets...),
- il s'oppose au système scolaire : en fait, il se construit en s'opposant au monde des adultes,
- il est attiré par le monde extérieur : clubs sportifs, bars, discothèques...

– aspect affectif :

- c'est l'âge des pulsions sexuelles (désir de plaire),

- c'est une phase d'inquiétude devant son corps qui se transforme (angoisse),
- il cherche à provoquer : en quête d'identité, il se construit en s'opposant (non-conformisme) et peut aller jusqu'au conflit (rupture familiale),
- il cherche la confiance et l'affection : naissance de grandes amitiés (confident),
- il est à la recherche d'un modèle,
- il a besoin d'indépendance, il s'évade dans la musique, ou le rêve, ou le dessin, ou la poésie...,
- il est ambivalent : inhibition-agressivité
pudeur-exhibition
apathie-turbulence...

2. Incidences pédagogiques générales :

– Gestion des différences morphologiques en formant des groupes de travail à l'entraînement ➨ vers l'individualisation.

– Surveillance des états de fatigue.

– Développement de la filière aérobie.

– Veiller à ne pas renforcer la marginalisation et la dévalorisation de l'adolescent par un discours, des remarques et des attitudes déplacés de la part de l'éducateur. La critique doit être justifiée, non dévalorisante.

– L'adolescent doit être invité, si nécessaire, à émettre un avis. L'éducateur peut susciter son analyse, discuter, argumenter. L'adulte s'appuie sur son autorité fonctionnelle (compétence) et non sur son statut (source de conflit).

– Annoncer les règles du jeu et ne pas les transgresser.

– L'association et le sport sont des moyens d'affirmation pour l'adolescent, lui permettant de faire reconnaître ses compétences et ses différences.

– D'autre part, l'éducateur peut être investi du rôle de modèle, ou de « deuxième père ». Cet investissement est quelquefois lourd à porter.

– Permettre à l'adolescent de prendre des responsabilités au sein du club et de participer aux décisions des adultes.

mots-clés de la RÉPONSE

CRISE – POUSSÉE HORMONALE – INSTABILITÉ – OPPOSITION RECHERCHE D'IDENTITÉ ET D'INDÉPENDANCE

QUESTION 24

Au sein d'une association dite du troisième âge, on vous confie l'animation d'un groupe de jeunes retraités.
1. Quelles sont les principales caractéristiques de ce public ?
2. Quelles incidences pédagogiques générales en tirez-vous pour vos séances ?

mots-clés de la QUESTION

CARACTÉRISTIQUES DES JEUNES RETRAITÉS
INCIDENCES PÉDAGOGIQUES

La retraite est la période de la vie de l'adulte où cessent les activités professionnelles. Le retraité se sent encore jeune, disponible ; il demeure actif et éprouve le besoin de trouver de nouvelles occupations. Les associations du troisième âge se développent permettant une pratique des APS.

1. Caractéristiques de cette tranche d'âge :

Un jeune retraité est une personne de 60-65 ans appelé aujourd'hui « senior ».

1.1. Au plan morpho-biologique :

Le vieillissement est un processus biologique irréversible qui conduit inexorablement à la limitation des capacités psycho-physiques des individus. Il est graduel et progressif, ses effets étant très variables suivant l'hygiène de vie des personnes (actifs ou inactifs). On peut globalement noter que :

- les articulations perdent de leur amplitude,
- les muscles s'atrophient et le tonus diminue,
- la souplesse est altérée,
- l'adaptation à l'effort est moins efficiente : le pouls est plus rapide, la capacité vitale diminue, l'essoufflement survient précocement,
- les réflexes sont moins performants, les organes sensoriels perdent de leur acuité (vue notamment).

1.2. Au plan psycho-moteur :

Il y a un déclin progressif des performances motrices notamment dans la coordination, la vitesse et la précision des mouvements, ainsi que l'équilibre.

1.3. Au plan socio-affectif :

– aspect social :

- perte du statut social lié à la disparition de la responsabilité professionnelle,
- sentiment de mise à l'écart et d'inutilité sociale ;

– aspect affectif :

- repli sur soi, isolement,
- peur de la perte d'autonomie corporelle.

1.4. Aspirations :

- besoin de communiquer, d'affiliation, de contact,
- envie de s'intégrer dans un groupe (relations),
- besoin d'acquérir ou d'apprendre ce qui n'a pu être acquis ou appris dans le passé,
- volonté de se prendre en charge.

2. Incidences pédagogiques générales :

L'objectif principal est de respecter le potentiel individuel, sans recherche de performance et toujours sous l'angle du plaisir éprouvé et de la convivialité.

2.1. Aspect moteur :

Travail préventif : maintenir et préserver les capacités physiques (déplacements, équilibre, coordination...). L'intensité est modérée, adaptée aux individus (pas d'effort violent mais dosé et progressif).

2.2. Aspect socio-affectif :

- savoir se sortir des aspects techniques des disciplines sportives pour permettre l'établissement de relations amicales,
- accepter que l'activité motrice soit avant tout un divertissement plus qu'un entraînement ➡ pas d'échéance de performance à prendre en compte,
- permettre le contact et l'échange entre les éléments du groupe, au travers d'activités ludiques et coopératives,
- insuffler bonne humeur et gaieté dans l'atmosphère des séances,
- conclusion : « mettre de la vie aux années et non ajouter des années à la vie ».

mots-clés de la RÉPONSE

VIEILLISSEMENT – DIMINUTION CAPACITÉS MOTRICES
RECHERCHE DU CONTACT SOCIAL – MAINTIEN AUTONOMIE

QUESTION 25

Éducateur sportif au sein d'une association, vous êtes sollicité pour prendre en charge un groupe de handicapés.
1. Que savez-vous de ce public ?
2. Quelle attitude pédagogique adoptez-vous ?

mots-clés de la QUESTION

HANDICAPÉS – ATTITUDE PÉDAGOGIQUE

1. Les handicaps :

1.1. Le handicap physique (ou moteur) :

– le handicap peut être :

- d'origine traumatique (paralysie), exemple : paraplégique, hémiplégique, tétraplégique,
- d'origine congénitale : infirme moteur cérébral (IMC), mal voyants,
- d'origine infectieuse : la poliomyélite ;

– le handicap peut avoir des conséquences graves d'ordre :

- physique : déplacement, gestes quotidiens, métier,
- social : familiale, professionnelle, de loisirs,
- psychologique : comment le handicap est-il assumé ?

1.2. Le handicap mental :

Origines génétiques (mongolisme), congénitales (exemple : médicaments pendant la gestation) ou traumatiques. Ces handicaps entraînent des troubles cognitifs relationnels (troubles du comportement).

2. A.P.S. et handicapés :

Depuis 20 ans, la pratique des A.P.S. s'est considérablement développée chez les handicapés.

2.1. Les raisons de la pratique :

– développement du sport pour être comme les valides : s'entraîner et jouer comme tout le monde ;

– recherche d'autonomie ou rechercher la moindre dépendance ;

– certains handicapés ont découvert le sport lors des séances de rééducation ;

– les handicapés ne désirent ni apitoiement, ni dépendance. Ils veulent montrer qu'ils sont capables d'efforts, de courage, d'exploits.

2.2. Pédagogie sportive et handicapés :

L'approche pédagogique est fonction du handicap (mental ou physique).

– Handicapés mentaux :

La relation affective est fondamentale : approche sécurisante, encourageante, stimulante. L'éducateur sportif développe les motivations par la réussite dans les activités et les encouragements pour valoriser le handicapé mental (estime de soi).

- **Handicapés physiques :**

  Pas de pitié ou d'apitoiement, le handicapé physique demande à être respecté comme un valide. Il éprouve ses difficultés et veut tenter de les surmonter. L'éducateur sportif doit aménager la tâche en fonction des capacités. L'intégration dans une association handisport peut permettre de participer à des compétitions officielles.

- **S'occuper de handicapés ne souffre pas la légèreté :**

  des formations spécifiques existent afin de maîtriser l'ensemble des connaissances anatomo-physiologiques, psychologiques et techniques de ces publics (handisport et sport adapté) ➡ brevets d'État (compétence).

mots-clés de la RÉPONSE

HANDICAPÉ PHYSIQUE – HANDICAPÉ MENTAL
PÉDAGOGIE DIFFÉRENCIÉE – COMPÉTENCE

QUESTION 26

On constate actuellement un tassement des effectifs des Fédérations sportives et parallèlement une augmentation des pratiques hors du système fédéral.

1. **Donnez un aperçu des principaux déterminants socio-culturels qui caractérisent les pratiques sportives en France.**
2. **Pensez-vous que cette tendance soit un effet de mode ?**

mots-clés de la QUESTION

APERÇU – PRINCIPAUX DÉTERMINANTS SOCIO-CULTURELS
MODE – PRATIQUE HORS SYSTÈME FÉDÉRAL

L'enquête « Pratiques sportives » du MJS et de l'INSEP de juillet 2000 a montré que 60 % des personnes interrogées (de 15 à 75 ans) déclarent pratiquer une APS une fois par semaine ; 23 % le font dans une association et 19 % ont des pratiques compétitives avec licences (dont seulement 24 % de femmes).

Pratique de loisir, pratique de compétition, les différentes formes d'activités sportives sont directement liées au style de vie des Français. Elles dépendent de l'âge, du sexe, du milieu socio-culturel, du niveau d'instruction, du lieu d'habitation.

1. Principaux déterminants socio-culturels de la pratique sportive :

1.1. L'âge :

La fréquence de la pratique diminue avec l'âge, avec une chute brutale aux alentours de la cinquantaine. Elle concerne encore un homme et une femme sur cinq entre 60 et 74 ans.

La pratique de la compétition, quel qu'en soit le niveau, concerne 19 % des pratiquants, plus les hommes que les femmes (24 %) et essentiellement les 15-24 ans (46 %).

1.2. Le sexe :

Les femmes pratiquent moins que les hommes et sont plus tournées vers une pratique de type hygiénique. La compétition sportive est plus réduite (contraintes familiales, statut social).

1.3. Le niveau socio-culturel – le niveau d'instruction :

Plus on est diplômé, plus la pratique est importante, surtout sur les sports individuels.

Chaque milieu social véhicule l'image d'une pratique de classe, liée à ses habitudes de vie et à ses valeurs, exemple : la pratique de sports individuels (golf, escrime, équitation, tennis...) ou avec des partenaires choisis (voile, aviron...) utilisant du matériel (cannes, armes, cheval, raquette, bateau...) au maniement réservé à des initiés est caractéristique du milieu bourgeois.

L'esthétique et la beauté des coups y sont discrètement applaudies car ces sports rejettent les cris et les hurlements – les coûts de la pratique sont dissuasifs, limitant le nombre d'adeptes.

De l'autre côté, les APS populaires où la force visible est magnifiée, la douleur inévitable, le labeur indispensable. L'affrontement est direct, le corps à corps est recherché, leurs faibles prix les rendent accessibles au plus grand nombre. On y hurle, on y crie : ce sont les sports populaires collectifs (football, rugby) ou individuels (boxe, lutte, cyclisme...).

(Cette analyse rapide ne doit pas être retenue comme déterminante à elle seule de la pratique d'une activité : le rugby n'est pas réservé aux ouvriers pas plus que le golf aux chefs d'entreprises.)

1.4. Le lieu d'habitation :

La pratique croît avec la taille de l'agglomération. En ville, la pratique de compétition avec licence est prépondérante. L'éloignement des installations sportives est un frein à la pratique.

2. Est-ce un effet de mode ?

Si la mode peut se définir comme le besoin de se distinguer et de se différencier des autres, on peut effectivement penser que la tendance à la pratique hors secteur fédéral est réelle aujourd'hui.

La culture sportive classique magnifie l'effort gratuit et le dévouement au service de l'équipe.

L'individu contemporain utilise le groupe comme moyen et son organisation comme service (l'association sportive). Aujourd'hui, l'heure est à l'évasion, le retour à la nature, le plaisir personnel (hédonisme). Notre société industrielle privilégie le plaisir (le « fun » !) immédiat sans contrainte, hors des sentiers battus. Du ski de piste traditionnel on a inventé le surf des neiges qui « s'éclate » hors pistes, du cyclisme classique on est passé au vélo tout terrain avec ses multiples ouvertures de pleine nature. Les installations classiques ne sont plus les seuls lieux de pratique (rafting, canyoning...), les médias (télévision, journaux) se font l'écho de ce vent de liberté dans la pratique. La publicité développe et utilise cette image du sport, synonyme de vitalité et de jeunesse que le secteur commercial récupère à son profit (salles de remise en forme et centres de plein air). L'intérêt marchand et mercantile, entre en résonance avec cette multiplication des disciplines (équipement vestimentaire et matériel).

Mais comme toute mode, la vague peut passer (exemple : le skateboard). Il n'en demeure pas moins que le noyau dur du phénomène sportif est constitué par les sports anciens, classiques, largement investis au plan international. Ces disciplines traditionnelles font le spectacle sportif, demeurant l'élément central autour duquel se diversifient les pratiques.

mots-clés de la RÉPONSE

ÂGE – SEXE – MILIEUX SOCIO-CULTURELS – LIEUX D'HABITATION
HÉDONISME – LIBERTÉ – LOISIRS – COMPÉTITION

QUESTION 27

Aujourd'hui toutes les enquêtes montrent que les pratiques des Français en matière d'APS, sont plutôt orientées vers des pratiques occasionnelles et d'entretien plutôt que compétitives.

1. Définissez et caractérisez ces différentes pratiques.

2. Quelles explications en donnez-vous ?

3. Quelles incidences pour l'éducateur sportif au sein d'une Association ?

mots-clés de la QUESTION

PRATIQUES OCCASIONNELLES, D'ENTRETIEN, COMPÉTITIVES EXPLICATIONS – INCIDENCES POUR L'ÉDUCATEUR DANS L'ASSOCIATION

1. Définitions et caractéristiques :

- **Pratique occasionnelle : pratique de loisir qui concerne une grande partie des Français (en 2000, enquête MJS-INSEP auprès des 15-75 ans, 83 % déclarent avoir pratiqué une APS une fois dans l'année).**

  Aucune recherche de performance, pratique de vacances, axée sur le plaisir de la découverte ou pratique épisodique (beaux jours). Ainsi 42 % des sportifs pratiquent hors des institutions fédérales : ils « nagent, courent, font du tennis, roulent en vélo... ». Ils ne sont affiliés à aucune fédération.

- **Pratique d'entretien : pratique d'hygiène et d'agrément, axée sur la recherche du maintien ou de l'amélioration de la forme et de la condition physique en général ou de la santé. Ils représentent 14 % de la population française. Ils font de la « baignade, de la gymnastique d'entretien... ».**

- **Pratique compétitive : 19 % des 15-75 ans sont des sportifs licenciés, participants à des compétitions. L'objectif principal est la meilleure performance personnelle (sport-loisir pratiqué dans le temps libre).**

  À côté de ces différentes pratiques, il y a le sport de haut-niveau : il concerne le sport de haute compétition de niveau national ou international, avec pour objectif la plus haute performance possible.

2. Explications possibles :

Cette désaffection progressive du sport de compétition et la montée en puissance des pratiques occasionnelles et d'entretien peuvent trouver certaines explications (enquête 1990 sur « les pratiques culturelles des Français », Ministère de la Culture).

2.1. La recherche d'autonomie : la culture du « soi » :

- rejet des formules d'adhésion contraignantes,
- pouvoir faire peu, changer d'avis, venir à heures irrégulières,
- engagement moindre et moins longtemps.

2.2. La recherche du plaisir : vers l'hédonisme du jeu :

- moins de pratiques qui font mal, réclamant ascèse et sacrifice,
- pratiques plus douces associées à la fête (au « fun »),
- l'essentiel est de participer (courses sur route..).

2.3. La recherche de vitalité :

- « Bien dans sa tête, bien dans sa peau » (« Mens sana in corpore sano »),
- se sentir en forme,
- pression publicitaire et médiatique : « faire jeune » (à défaut d'être jeune).

2.4. Les nouvelles affiliations : de l'inscription à un club à la multiplicité des « liens faibles » :

- pratiques individualistes,
- contacts plus nombreux, moins longs : micro-groupes à projet à court terme (semaine de vacances),
- multiplicité des pratiques (multi-stages),
- faire du sport sans contrainte, pour soi-même, sans exclusive.

Les pratiques sportives tendent aujourd'hui à se développer hors du cadre traditionnel : les installations sportives ne sont plus les lieux privilégiés de la pratique (milieux naturels, routes, rues, domicile).

Ceci coïncide avec une offre commerciale forte et alléchante (salles de remise en forme, culture physique = 5 % des pratiquants).

Les 2/3 des pratiquants ne sont pas encadrés, ni affiliés et pratiquent en marge des institutions et de l'idéologie sportive traditionnelle (individualisme).

3. Incidences pour les Associations sportives :

Cette rapide analyse amène l'Association sportive à concilier divers intérêts (compétition et non-compétition) :

- **diversifier les modalités de pratique : offrir une alternative à la compétition (sorties, randonnées...) ;**
- **pratiquer les activités pour elles-mêmes : plaisir de la pratique (abandon de la « championnite ») ;**
- **favoriser la vie associative : développement de relations, encouragement des initiatives individuelles même hors de l'activité elle-même (jeux de cartes, sorties culturelles...).**

mots-clés de la RÉPONSE

PRATIQUES OCCASIONNELLES – D'ENTRETIEN – COMPÉTITIVE AUTONOMIE – PLAISIR INDIVIDUEL – VITALITÉ – DIVERSIFICATION DES OFFRES DE PRATIQUE

QUESTION 28

– « Nous avons gagné parce que nous étions les plus motivés ! »
– « Aujourd'hui, ça ne va pas, tu n'es pas motivé ! »
– « Il arrête la compétition, ça ne le motive plus ! »
Ces trois déclarations invoquent la motivation.
1. Donnez une définition de la motivation.
2. Quelles implications en tire l'Éducateur sportif pour la compétition sportive ?

mots-clés de la QUESTION

MOTIVATION – IMPLICATIONS POUR LA COMPÉTITION

1. Définition de la motivation : c'est l'ensemble des facteurs qui amène l'individu à agir et qui le pousse vers un but. Autrement dit, c'est la capacité à mobiliser de l'énergie, orientée vers un but déterminé en fonction d'un besoin. La motivation déclenche, active, dynamise, dirige et canalise l'individu vers un but.

Les besoins vitaux satisfaits (alimentation, habitation...) l'homme accède à des motivations supérieures.

Pourquoi pratique-t-on un sport ?

Plusieurs niveaux de réponse sont répérés :

1.1. Au niveau sociologique, les influences sont :

- **la possession d'aptitudes physiques ;**
- **la proximité d'installations ;**
- **la famille, les copains.**

1.2. Au niveau psychologique :

- **les besoins moteurs : dépense physique, mouvements, recherche du risque, plaisir (hédonisme) ;**
- **les besoins sociaux : contacts, relations, camaraderie, affiliation ;**
- **les besoins psychologiques : compétition, succès, être le meilleur, être reconnu, se révéler à soi-même.**

2. Implications pédagogiques pour la compétition :

Le but de la compétition est de gagner, donc faire mieux que les autres. L'entraîneur doit alors forger des mentalités de gagneurs impliquant la réussite et la victoire comme horizon.

- **la motivation intrinsèque : motivation à pratiquer pour l'activité elle-même (sentiment de compétence et d'autodétermination) ;**
- **la motivation extrinsèque : motivation à pratiquer pour des finalités extérieures à l'activité (récompenses, médailles).**

Ces deux motivations cohabitent mais le renforcement de la motivation intrinsèque doit être développé.

Le sportif compétiteur doit se sentir compétent et auto-déterminé. L'éducateur doit l'impliquer et le responsabiliser.

L'athlète doit :

- être concerné dans la formulation de ses propres buts qui sont réalistes : élaboration des objectifs, de la préparation et de la planification des entraînements (niveau d'aspiration) ;
- être capable de donner son avis sur ses prestations (estime de soi), donner son opinion (évaluation de son comportement) ;
- être apte à analyser une compétition non seulement par rapport au résultat final mais par rapport au déroulement de la partie (lieu de contrôle avec habileté et effort comme facteurs internes, difficulté de la tâche et chance comme facteurs externes).

Le sportif n'est pas un simple exécutant mais il est associé aux prises de décision (projet).

« Si tu veux faire quelque chose : où tu trouves les moyens ou tu trouves des excuses. »

Par symétrie, la démotivation apparaît quand il y a :

- absence d'objectifs ou des objectifs flous,
- sentiment d'incompétence,
- discours négatif (centration sur les insuffisances),
- mauvais résultats,
- climat d'insécurité et absence d'ambiance positive.

Extrait d'un poême de Walter D. Wintle :

« La dure bataille de la vie
Ce ne sont pas toujours les plus forts
Ni les plus rapides qui la gagnent,
Mais l'homme qui tôt ou tard remporte la victoire
Est celui qui pense qu'il en est capable. »

mots-clés de la RÉPONSE

MOTIVATION INTRINSÈQUE – EXTRINSÈQUE – BESOIN – ÉNERGIE
ESTIME DE SOI – FORMATION DES BUTS

QUESTION 29

Parfois on entend certains parents déclarer: « Mon fils (ma fille) ne veut plus aller faire du sport, il (elle) n'est plus motivé(e)! »
1. Faites un inventaire simplifié des motivations des sportifs.
2. Comment l'éducateur sportif peut-il motiver ses élèves au cours des séances?

mots-clés de la QUESTION

INVENTAIRE SIMPLIFIÉ - MOTIVATION DES SPORTIFS
COMMENT MOTIVER?

1. Inventaire simplifié des motivations des sportifs:

- **les besoins physiques:**
  - dépenser de l'énergie,
  - besoin de mouvement (espace, vitesse, rythme, cadence);
- **les besoins d'affirmation de soi:**
  - sentiment d'exister,
  - se faire reconnaître,
  - prestige;
- **la recherche de compensation:**
  - revanche, contrepoids à... (travail, école...);
- **les tendances sociales:**
  - recherche de contact coopération, communication,
  - recherche du groupe ;
- **le goût de la compétition: se mesurer aux autres;**
- **le désir de gagner;**
- **le désir d'être champion;**
- **le goût du risque;**
- **l'amour de la nature;**
- **l'attrait de l'aventure.**

[d'après Michel Bouet, « Les motivations des sportifs »]

2. Comment motiver dans l'animation des séances?

L'animation « motivante » impose la mise en œuvre de moyens simples.

1. **Connaître les aspirations des élèves « que venez-vous chercher? ».**
2. **Adapter le programme des activités aux niveaux des élèves pour développer la réussite:**
   - si objectifs trop élevés, il y a échec ➡ désintérêt ➡ démotivation,
   - si objectifs trop faibles, il y a perte d'intérêt ➡ ennui ➡ démotivation,
   - si objectifs adaptés, il y a réussite ➡ persévérance.
3. **Valoriser (éloge, récompense).**
4. **Critiquer sur un mode positif visant la progression des élèves.**

5. Animer les séances suivant 3 axes :

– sécuriser : écouter les élèves, les laisser s'exprimer,
effacer peurs et angoisses,
être positif dans le discours ;

– encourager : individualiser les relations (personnalisation)
valoriser par
- regard
- parole
- geste ;

– sublimer : pousser les élèves au dépassement.

En résumé :

Dans toute situation pédagogique :

– l'enfant doit :

- éprouver du plaisir,
- réussir,
- surmonter des difficultés ;

– la tâche motrice se doit d'être :

- adaptée,
- variée ;

– l'éducateur sportif doit :

- respecter l'enfant,
- l'aider,
- le mettre en sécurité,
- dialoguer avec lui.

mots-clés de la RÉPONSE

BESOINS PHYSIQUES – AFFIRMATION DE SOI – RECHERCHE COMPENSATION – TENDANCES SOCIALES – GOÛT COMPÉTITION DÉSIR DE GAGNER – DÉSIR D'ÊTRE CHAMPION – GOÛT DU RISQUE AMOUR DE LA NATURE – ATTRAIT DE L'AVENTURE – SÉCURISER ENCOURAGER – SUBLIMER

QUESTION 30

Tout compétiteur sait qu'il n'y a pas de performance sportive sans une certaine part de tension émotionnelle.
Quels états émotionnels peuvent rencontrer les pratiquants et comment l'éducateur sportif peut-il prendre en compte la préparation psychologique de ses athlètes ?

mots-clés de la QUESTION

PERFORMANCE – ÉTATS ÉMOTIONNELS
PRÉPARATION PSYCHOLOGIQUE

Émotions et sentiments conditionnent très largement les comportements humains. Tout au long de sa vie, l'homme réagit aux sollicitations de son milieu et y répond de manière personnelle suivant son éducation et sa personnalité.

1. L'émotion : C'est un état particulier de la vigilance. Elle est une réaction de tout l'organisme à une situation propre et singulière, à un stimulus ponctuel (réel ou imaginaire). Ses répercussions sont végétatives (viscérales) et musculaires (toniques).

- exemples d'émotions fondamentales : la colère, la peur, la joie, le chagrin,
- exemples d'émotions secondaires : la honte, la fierté, le remords.

L'émotion peut avoir un effet perturbateur important plus on monte dans l'intensité réactionnelle, se traduisant par une modification du rendement de l'athlète. Parmi les grandes manifestations, on trouve graduellement :

- **L'anxiété ou stress (le trac) : Elle apparaît à l'abord d'une situation non encore maîtrisée ou avant le début de la compétition (ou de l'action à accomplir). L'individu ressent un désagréable sentiment d'insécurité : il appréhende, il craint. Exemple : le golfeur à l'abord de la première frappe au trou n° 1.**
- **La peur : Elle survient quand le danger est réel. Chez le sportif, elle est peur de l'échec ou peur de la victoire.**
- **L'angoisse : La situation devient encore plus oppressante et désorganise l'athlète car elle l'obnubile. Exemple : angoisse d'une blessure avant une grande rencontre. Elle introduit le doute sur ses possibilités physiques.**
- **L'agressivité : Très profondément enracinée dans l'histoire individuelle, elle est un comportement-limite dont l'excès se traduit dans la violence.**

2. Comment l'éducateur sportif peut-il aider ses pratiquants à ne pas douter de leurs possibilités et à maîtriser leurs émotions ?

Il met en place des stratégies de préparation mentale qu'il inclut dans les séances d'entraînement.

1. Motiver le pratiquant (voir question SH28) :

- formulation des buts (autodétermination),
- estime de soi (compétence).

2. **Développer sa concentration :**
   - apprendre à fixer son attention sur la tâche à exécuter : centration différente suivant les disciplines ;
   - exemples :
     * centration externe étroite en golf (la balle),
     * centration externe large au football (tout le terrain : partenaires + adversaires + balle),
     * centration interne étroite en gymnastique.

3. **Développer l'auto-suggestion (ou auto-persuasion) :**
   - par un dialogue personnel, renforcer sa confiance et sa réussite : « Je sais que je sais le faire, je le réussis toujours ! » ;
   - s'auto-imaginer dans le succès.

4. **Mettre en place des techniques de relaxation (relâchement musculaire, Jacobson, Schultz, sophrologie...).**

5. **Initier et entraîner à la répétition mentale (ou imagerie mentale) c'est-à-dire apprendre à « visualiser dans sa tête l'image juste de ce qu'il faut faire ». Il faut avoir une image claire du geste parfait à accomplir.**

L'approche de la compétition déclenche toujours chez l'athlète une phase d'excitation qui peut se traduire par certaines émotions : peur, angoisse, timidité... qui trahissent le niveau d'activation du sujet. Afin qu'il soit optimum, il faut éliminer les effets néfastes de l'excitation, de même qu'il faut « réveiller » l'athlète apathique ou peu motivé.

mots-clés de la RÉPONSE

ANXIÉTÉ – PEUR – ANGOISSE – AGRESSIVITÉ
PRÉPARATION MENTALE

QUESTION 31

Un président d'association sportive recherche un animateur. Pour l'entretien d'embauche, on vous demande de présenter par écrit votre conception d'un programme d'actions ou d'animations. Quels éléments prenez-vous en compte ?

mots-clés de la QUESTION

PROGRAMME D'ACTIONS (OU D'ANIMATIONS)
CONCEPTION – ANIMATEUR

Élaborer un programme d'action, c'est :

1. Analyser l'existant : à qui s'adresse-t-on ? (diagnostic).

2. Définir des objectifs : que veut-on faire ?

3. Déterminer une stratégie : comment va-t-on faire ?

4. Choisir les moyens : avec quoi va-t-on faire ?

5. Évaluer l'action : qu'a-t-on obtenu ?

Concevoir un programme, c'est répondre aux interrogations suivantes :

1. **À qui s'adresse l'animation projetée ?**
   - le public : enfants, adultes, hommes, femmes...,
   - l'âge,
   - l'effectif.
2. **Quels objectifs poursuivis ? Quelles attentes du public ?**

   S'agit-il d'une animation en vue :
   - de la compétition : initiation ou confirmation,
   - de détente, divertissement,
   - de pratique occasionnelle,
   - de pratique éducative et formative.
3. **– Quelles activités ?**
   - une seule discipline,
   - plusieurs disciplines.

   – Quel encadrement ?
   - un intervenant ou des intervenants ?
   - division des tâches et responsabilités.

   – Quelles échéances de rencontres ?
   - les créneaux d'animation sont une fois par semaine, plusieurs fois par semaine ?
   - quel horaire ? quel calendrier ?

4. – Quelle infrastructure d'accueil ?

Elle conditionne la mise en place effective des animations.

Exemple : animateur d'un sport collectif d'extérieur puis-je disposer d'un gymnase pour la période hivernale ?

– Quel matériel ?

Il conditionne la qualité de l'animation surtout le petit matériel : ballons, cônes, chasubles...

– Quelles procédures administratives à mettre en place ?

- Démarche auprès des parents (si mineurs) : certificat médical, autorisation parentale par exemples.
- Démarche auprès de la mairie (utilisation des installations).

5. Quelle évaluation pour mesurer la portée du travail ?

- Dnquête, réunion-bilan, classement... : analyse des résultats.

Cette question fait référence au projet et peut se rapprocher de la partie 1 du thème 4 (questions 76 à 79).

mots-clés de la RÉPONSE

DIAGNOSTIC – OBJECTIF – STRATÉGIE – MOYENS – ÉVALUATION

QUESTION 32

On remarque souvent qu'une équipe sportive nouvellement constituée n'a pas d'emblée une organisation cohérente et performante.
Après avoir rappelé comment se structure un groupe, exposez les moyens qu'utilise l'éducateur pour renforcer la cohésion.

mots-clés de la QUESTION

ÉQUIPE - COHÉSION - STRUCTURE - MOYENS

Une équipe se définit comme un groupe primaire (ou restreint) centré sur une tâche (la compétition sportive).

Nous prenons le parti de définir le sport comme l'a fait Magnane : «c'est une activité de loisir dont la dominante est l'effort physique participant à la fois du jeu et du travail, pratiquée de façon compétitive, comportant règlements et institutions spécifiques et susceptibles de se transformer en activité professionnelle.»

1. Les phases de la vie d'un groupe :

1.1. La naissance ou phase de découverte :

Les éléments s'observent et s'évaluent ; c'est une phase de crainte et de relative insécurité car chacun vit les événements en fonction de sa personnalité et des réactions du groupe par rapport à lui-même.

1.2. La structuration réelle :

Il y a un sentiment d'appartenance. Chaque membre a trouvé sa place, répond à la tâche exigée par l'organisation du groupe, il éprouve de la satisfaction et de la reconnaissance. Chacun participe à la réalisation des buts communs.

1.3. La résistance au changement :

Les équipiers se sont organisés rationnellement par rapport au projet commun pour un rendement maximal. Les relations affectives, techniques et tactiques sont opérationnelles et opératoires. Le groupe est tellement structuré qu'il accepte difficilement les apports extérieurs (sclérose possible).

Des réseaux de communication s'instaurent entre les membres en fonction de la place (le statut) qu'ils occupent au sein du groupe.

Exemples :
- le leader ou meneur qui prend des initiatives,
- le médiateur qui concilie, arbitre les tensions,
- le marginal qui se situe en dehors.

Ces réseaux sont étudiés par la sociométrie (Moreno).

2. Le renforcement de la cohésion :

La coopération dans le groupe subit deux influences :

- celle de l'éducateur,
- celle des participants.

Chaque partie est un élément du système-équipe, en inter-action avec tous les autres et participe à la régulation de la vie du groupe.

L'étude du fonctionnement des groupes (Lewin) a mis en avant quelques caractéristiques psychologiques propres aux groupes primaires, desquelles l'éducateur tirera des applications pratiques en vue du renforcement de la cohésion.

- **Les échanges : chaque équipier doit pouvoir s'exprimer, échanger avec ses partenaires et l'éducateur. Des temps de parole sont nécessaires : analyse de matchs, discussion sur l'entraînement. Chaque avis compte, chacun est concerné ➡ renforcement des liens inter-individuels.**
- **Les normes : elles sont le code des valeurs du groupe, les règles de conduite. Elles sont à rappeler de la part du leader, le meneur institutionnel (l'éducateur) mais aussi par un autre leader, le meneur du groupe quand il y a relâchement.**
- **Les buts communs : ils sont le ciment et la raison d'être d'une équipe sportive. Il est nécessaire de les rappeler, de les préciser à nouveau. C'est par ce critère que le groupe trouve sa cohésion.**
- **Les émotions et les sentiments collectifs : c'est le ressenti du groupe. À l'évidence, le vécu de plaisir doit être premier. Il est la source principale de motivation. L'éducateur doit s'ingénier à trouver les situations favorables à l'apparition de ce sentiment de plaisir.**
- **La structure informelle : c'est la voie dans laquelle circule l'affectivité, la répartition de la sympathie-antipathie. Elle est informelle parce que non officielle et souvent non consciente. La dynamique de ce groupe permet de mieux prendre en compte les phénomènes relationnels (intra-groupe).**

Le pilotage de groupe est aujourd'hui de ce qu'on appelle le « management participatif » :

- précision (et re-précision) des objectifs,
- établissement de règles du jeu claires et précises,
- utilisation des compétences individuelles,
- favorisation des rôles joués par autonomie croissante de chacun,
- liberté d'expression accordée à chaque membre,
- valorisation des résultats.

mots-clés de la RÉPONSE

**STRUCTURATION GROUPALE – COMMUNICATION – RÈGLES
BUTS COMMUNS – PLAISIR – MANAGEMENT**

QUESTION 33

Dans la vie d'un groupe de sportifs, il arrive souvent qu'apparaisse un leader au sein des pratiquants. Comment l'éducateur sportif le prend-il en compte dans l'exercice de sa propre autorité sur le groupe ?

mots-clés de la QUESTION

GROUPE – SPORTIFS – LEADER – AUTORITÉ

Le groupe sportif est axé sur la recherche de la performance (but commun : gagner). Sa cohésion est la manière collective d'adhérer à l'objectif. Renforcée par le succès, elle peut être malmenée et remise en cause dans l'échec entraînant rivalités et frustrations. Seul, le rétablissement de la confiance permet de retrouver l'équilibre interne.

L'éducateur sportif peut gérer le groupe de deux manières : autocratique ou démocratique.

1. L'organisation autocratique :

Le groupe est dépendant du chef qui décide unilatéralement des objectifs. Il répartit les rôles et impose la programmation. Les pratiquants n'ont pas droit à la parole, sont soumis et apathiques, sans autonomie.

2. L'organisation démocratique :

L'éducateur, même s'il est imposé par les dirigeants, se fait accepter, non pas comme chef mais comme expert.

Il ne considère plus les pratiquants comme des numéros qu'il fait sauter, courir ou jouer.

Il permet l'expression des joueurs, écoute leurs conceptions stratégiques, respecte chacun.

Cette vision, relativement simplifiée, se combine avec le rôle du leader. Le « leadership » s'exerce par l'individu dont la compétence est la plus manifeste (leader stratégique) ou dont l'aura affective est la plus forte (leader affectif).

Les fonctions du leader sont plurielles (Bales) :

- **il est organisateur actif du groupe en vue de la tâche ou de l'action (il coordonne, encourage, dynamise) ;**
- **il définit ce qui se passe dans le groupe et prescrit ce qu'il faut faire ;**
- **il aide à l'établissement de relations cohérentes, en aplanissant les tensions et veille à l'unité du groupe ;**
- **il maintient et promeut les valeurs du groupe ;**
- **il représente le groupe à l'extérieur.**

  - Dans l'organisation autocratique, en cas de succès répétés, la présence d'un leader ne remet pas en cause l'autorité de l'éducateur. En cas d'échecs répétés, les tensions peuvent surgir. Chaque individu n'étant pas reconnu individuellement, un réseau de sous-groupes peut s'installer ; comme l'éducateur instaure un climat autoritaire, lorsque la fronde gronde, les sous groupes s'affrontent. Le leader peut devenir une contre-autorité au pouvoir de l'éducateur. Les conflits sont proches, l'inefficacité aussi.

- Dans l'organisation démocratique, l'éducateur devient l'expert accepté pour ses compétences techniques. Il transmet son savoir réel par la coopération basée sur un respect mutuel des personnalités du groupe (adaptation individuelle). Il devient un « médiateur » entre le groupe et les objectifs poursuivis en commun.

(voir « management participatif » de la question SH32)

Le leader, issu des joueurs, n'est plus un concurrent pour l'autorité du groupe mais un pilier sur lequel l'éducateur s'appuie pour faire passer ses informations. Il est une personne qui écoute les idées émises par le groupe.

Naturellement, l'éducateur doit être techniquement compétent, ne pas fuir les décisions importantes qui doivent être prises, ne pas craindre les responsabilités et ne pas se dérober. Il « fait autorité », autorité réelle légitimée par son savoir.

« La compétence sans autorité est aussi impuissante que l'autorité sans compétence ».

Gustave Lebon

mots-clés de la RÉPONSE

AUTOCRATIE – DÉMOCRATIE – LEADER

QUESTION 34

Vous constatez des dissensions au sein du groupe de sportifs dont vous avez la charge.
1. Comment pouvez-vous évaluer cette situation ?
2. Quels remèdes apportez-vous ?

mots-clés de la QUESTION

DISSENSSIONS - GROUPE - ÉVALUER - REMÈDES

Dans l'animation d'un groupe de sportifs, les préparations physique, technique et tactique sont des passages obligés de travail de l'éducateur. Mais il doit aussi assurer la cohésion de l'ensemble et aider à l'épanouissement de tous les pratiquants : créer une dynamique positive est un des buts de l'animateur.

1. Statuts et réseau de communication dans le groupe :

1.1. Les statuts :

Chaque élément occupe une place particulière dans le groupe. Cette place privilégiée est le statut. Exemples : leader, conciliateur, marginal...

1.2. Le réseau de communication :

La structure latente du groupe peut être connue et révélée par la sociométrie (Moreno). Elle permet de connaître pour chaque membre :

- la manière dont il vit le groupe et ses membres,
- la manière dont il vit « sa situation » dans le groupe,
- la manière dont il perçoit les autres,
- la manière dont il est perçu par les autres.

La sociométrie fait donc apparaître une réalité affective et cognitive du groupe.

Le test sociométrique : chaque membre reçoit un questionnaire lui demandant de dire avec sincérité, à partir des données réelles de l'activité du groupe :

– avec qui il souhaiterait coopérer et qu'il apprécie ;

– par qui il pense avoir été choisi et apprécié ;

– de qui il ne voudrait pas comme comparse et n'apprécie pas ;

– par qui il pense avoir été rejeté et pas apprécié.

En général, on demande trois choix avec un classement par ordre de préférence (respecter l'anonymat des réponses).

Le sociogramme : c'est la carte graphique du groupe qui permet de repérer les personnages populaires, les préférés, les leaders, les sous-groupes (duos-trios...).

2. Les remèdes :

L'objectif est d'aplanir les dissensions.

- Faire apparaître le groupe comme le lieu de réalisation des aspirations personnelles : notion de projet commun (pas d'ambitions individuelles non mises au service de la communauté).
- Développer des temps de parole où chacun pourra s'exprimer et donner son point de vue sur le fonctionnement du groupe.
- Savoir valoriser et faire l'éloge quand cela est justifié.
- Répartir les rôles de chaque équipier en favorisant une autonomie croissante.
- Préciser à nouveau les règles du jeu.
- Faire prendre conscience des causes déterminantes du malaise afin de les traiter méthodiquement (le groupe, par peur d'implosion, tend à les éluder).

mots-clés de la RÉPONSE

STATUTS – RÉSEAU DE COMMUNICATION – TEST SOCIOMÉTRIQUE
VALORISATION – AUTONOMIE

QUESTION 35

L'enseignement d'une discipline ne permet pas l'improvisation. Quelle est votre conception de la démarche nécessaire à l'élaboration d'un programme d'apprentissage ?

mots-clés de la QUESTION

ENSEIGNEMENT – DÉMARCHE – PROGRAMME D'APPRENTISSAGE

– **Enseignement : action, art d'enseigner, de transmettre des connaissances à un élève.**

Le Petit Robert

Enseigner ne peut s'improviser. Une démarche générale est nécessaire pour concevoir les différents moments de la relation pédagogique. Une séance fait partie d'un tout : elle est tributaire du passé (observations antérieures) et de l'avenir (objectif à atteindre). Il n'existe pas de durée d'apprentissage mais l'éducateur doit se fixer des repères d'acquisition pour tester son enseignement (évaluation).

Le programme d'apprentissage est précédé d'une réflexion sérieuse permettant d'analyser les contraintes, les objectifs, la planification et la programmation.

1. Les contraintes : Tout projet est singulier et il faut faire l'inventaire des contraintes.

1.1. Contraintes liées au public :

- âge des élèves - garçons/filles - mixité,
- effectif,
- niveau de compétence dans l'activité.

1.2. Contraintes matérielles :

- lieux de travail : éloignement, aménagement, couverts, non couverts,
- petit matériel : nature, nombre.

1.3. Contraintes temporelles :

- horaire hebdomadaire,
- durée des séances,
- scolarité/vacances.

1.4. Contraintes relatives à l'équipe d'éducateurs :

- travail en équipe,
- nombre d'éducateurs,
- compétences personnelles...

1.5. Choix des activités :

- discipline unique,
- plusieurs disciplines à mettre en œuvre.

2. Les objectifs : On programme des objectifs éducatifs en déterminant des priorités :

- Quels savoirs ?
- Quels savoir-faire ?
- Quels savoir-être ?
- Quelles nouvelles compétences devront s'approprier les sportifs en fin de programme ?

3. Le diagnostic :

Les premières séances servent à poser un diagnostic. On observe les élèves dans l'activité elle-même ou dans des tests spécifiques (évaluation).

Exemple : au football, évaluation dans le jeu et dans des tests comme jonglage, frappes... (SB 12)

4. La planification (la prescription) :

Elle consiste à déterminer des objectifs précis, en termes de :

- capacités énergétiques,
- capacités techniques,
- capacités psychologiques et sociales (autonomie, vie de groupe)...), en liaison avec les tests initiaux.

5. La programmation :

Elle est la répartition des buts et des sous-buts dans le temps (programmes annuel, trimestriel, mensuel, hebdomadaire...). Elle est la mise en unités d'enseignement des différents objectifs projetés (cycles de travail).

mots-clés de la RÉPONSE

CONTRAINTES – OBJECTIFS – PLANIFICATION – PROGRAMMATION

QUESTION 36

Vous enseignez une technique sportive à un groupe de pratiquants. Certains réussissent, d'autres pas. Après avoir rappelé le déroulement d'un acte moteur, montrez quelles peuvent être les causes de l'échec.
Illustrez à l'aide d'un exemple dans une discipline de votre choix).

mots-clés de la QUESTION

TECHNIQUE – ACTE MOTEUR – ÉCHEC

La réalisation d'un acte moteur est un processus complexe qui engage totalement l'apprenant. C'est l'aboutissement d'une suite d'opérations mentales (traitement des informations) dont le geste n'est que l'expression visible, perçue de l'extérieur (composantes motrices) ➨ théorie du traitement de l'information appliquée au comportement moteur.

1. Trois phases dans le déroulement de l'acte moteur :

L'exemple est celui d'un joueur de squash.

1.1. Le stade perceptif (que se passe-t-il ?) :

Le joueur qui veut frapper la balle perçoit :

- l'environnement (murs, partenaire, balle),
- son corps (main qui serre la raquette...).

Il interprète les informations perçues, les compare avec celles déjà enregistrées (mémoire) si elles existent déjà. S'il est débutant, il doit les interpréter avant de les stocker. C'est ici, dès ce stade, que l'anticipation prend sa source : reconnaissance précoce de ce qui va se passer permettant d'agir avant l'autre.

1.2. Le stade de décision (que faire ?) :

D'après les informations qu'il perçoit, le joueur sélectionne une réponse, celle qui paraît la plus appropriée à la situation. Plus il aura développé d'expériences, plus ses possibilités de choix de réponses seront grandes.

1.3 Le stade d'exécution (comment faire ?) :

Le joueur frappe la balle (lancement du geste) et le corrige éventuellement (contrôle) pour faire face aux contraintes de la tâche (paramétrer les valeurs : distance, vitesse...).

2. Les causes de l'échec :

2.1. L'enseignant :

- L'exercice est inadapté aux compétences de l'élève : trop difficile.
- Le but n'est pas explicite, pas assez clair, les consignes insuffisantes.

2.2. L'élève :

L'exécution correcte de la frappe est l'expression du déroulement optimal des trois phases décrites. En conséquence, les sources d'erreur peuvent être repérées à ces différents niveaux.

– au stade perceptif :

Les prises d'informations sur :

- la trajectoire de la balle,
- la vitesse de la balle,
- ses effets possibles,
- la distance par rapport à la balle,
- la position de la raquette...

sont autant d'éléments à intégrer.

À noter que les émotions ressenties (enjeu de la partie, présence de spectateurs...) peuvent perturber cette prise d'informations de même que la fatigue et la motivation.

– au stade de décision :

La décision de tenter telle ou telle frappe est-elle pertinente compte tenu de la situation présente ?

Jouer court alors que l'adversaire est proche du mur est-il le meilleur coup ? (tactique).

– au stade d'exécution :

Même si tous les éléments de la situation ont été correctement analysés, l'exécution motrice de la frappe peut être déficiente : mauvaise tenue de la raquette, mauvais placement, frappe trop violente, poignet trop crispé... (difficultés pour paramétrer les éléments du geste : amplitude, vitesse, rythme...).

L'éducateur doit être capable d'identifier les sources d'erreur parmi les trois stades et peut y remédier en aménageant les tâches motrices (consignes, milieu aménagé, critères de réussite) ➡ voir tableau suivant (identification de l'erreur).

– L'erreur peut venir d'un manque de motivation de l'élève (voir question SH28).

« Il n'y a pas d'erreur, il n'y a que des leçons » (Nietsche).

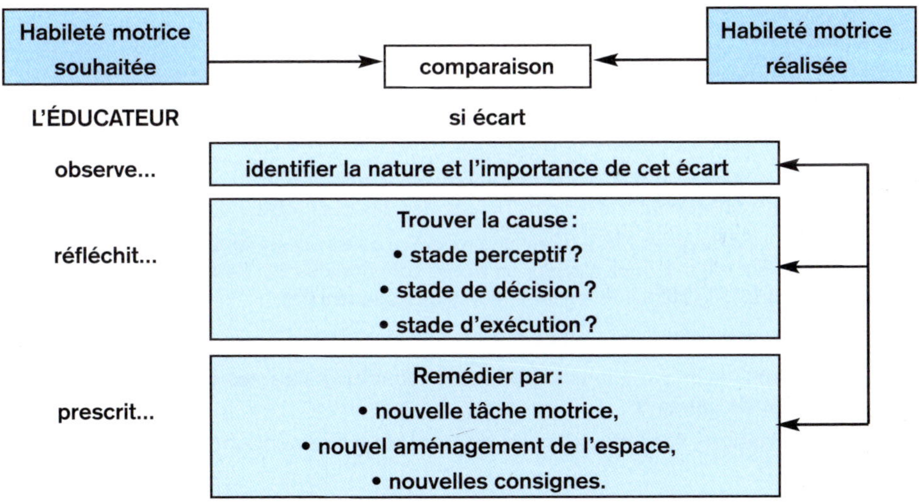

identification de l'erreur (Question SH36)

mots-clés de la RÉPONSE

PHASES DE L'ACTE MOTEUR (PERCEPTION-DÉCISION-EXÉCUTION)
SOURCES D'ERREUR – MOTIVATION

QUESTION 37

On a coutume de dire qu'apprendre c'est répéter. Que savez-vous du rôle de la répétition et de la mémorisation dans les apprentissages moteurs ? Quels sont les rôles de l'éducateur ?

mots-clés de la QUESTION

RÉPÉTITION – MÉMORISATION – APPRENTISSAGES MOTEURS RÔLES DE L'ÉDUCATEUR

1. Rappel du déroulement de l'acte moteur :

- **Le pratiquant reçoit, analyse et interprète l'environnement immédiat (stade perceptif) ;**
- **il décide de ce qu'il doit faire par rapport à ces informations (stade de décision) ;**
- **il exécute une réponse, comportement observable, et reçoit des informations en retour (rétro-actions) sur le résultat lui-même (but atteint ou non) et sur le mouvement.**

L'ensemble de ces 3 opérations s'appuie sur la théorie du traitement de l'information appliquée au comportement moteur.

2. La mémorisation :

La mémoire est indispensable à l'apprentissage : sans mémoire, on ne peut rien apprendre (chaque situation serait totalement nouvelle, donc sans solution prête).

2.1. La mémoire sensorielle immédiate (MSI) :

Elle traite d'innombrables informations simultanément (vision, audition, kinesthésie...) qui ne sont stockées que quelques millisecondes (exemple : panneau de signalisation).

2.2. La mémoire à court terme (MCT) :

En fonction de la pertinence et de l'intérêt des informations par rapport à l'activité en cours, un filtrage sélectif retient les informations les plus prégnantes, les plus utiles.

C'est l'attention qui les dirige en MCT : c'est une mémoire de travail qui les garde aussi longtemps qu'elle se focalise sur elles. L'oubli s'opère en trente secondes (N.B. : l'attention soutenue dans l'apprentissage entraîne la fatigue ➡ limiter la durée des séquences).

2.3. La mémoire à long terme (MLT) :

- **Elle contient les informations « apprises », accumulées par les expériences. Elle est sans limite de capacité.**
- **Les informations sont stockées en MLT par un traitement contrôlé en MCT par la répétition.**
- **Apprendre, c'est transférer une information en MLT.**

3. La répétition :

Il n'y a pas d'apprentissage immédiat, seule la répétition permet de retenir suivant le schéma :

Mémoire sensorielle immédiate → MCT → MLT

L'action permet à l'élève d'expérimenter une séquence motrice (un geste), d'évaluer son efficacité (connaissance des résultats). Si elle est satisfaisante, il peut tenter de la répéter : retrouver les trois phases de son déroulement.

Au fur et à mesure des répétitions (correctes) l'apprenant imprime une trace dans son système nerveux (engrammation neuronale) : il se constitue un répertoire de programmes moteurs.

Plus il s'entraîne, plus il sélectionne le programme efficace, en éliminant les sous-programmes (sous-routines) parasites, améliorant le déroulement séquentiel des différentes étapes : perceptive, décisionnelle et exécutive. Il devient « expert » : il développe des automatismes.

4. Les rôles de l'éducateur :

Enseigner est du ressort de l'éducateur, apprendre est du ressort du sportif. L'enseignant propose une tâche motrice et l'apprenant l'expérimente. L'éducateur est un aide en facilitant les processus mis en jeu dans l'acte moteur :

1. **il propose un objectif clair à atteindre,**
2. **il structure et aménage la situation,**
3. **il aide à l'identification des informations pertinentes (dans les trois stades),**
4. **il aide l'exécution par un retour d'information (pour évaluer la réponse),**
5. **il stimule l'attention et maintient la motivation.**

mots-clés de la RÉPONSE

ACTE MOTEUR – MÉMOIRE (MSI, MCT, MLT) – RÉPÉTITION
TÂCHE MOTRICE

QUESTION 38

Souvent, l'éducateur sportif s'entend demander : « Monsieur, vous pouvez nous montrer l'exercice ! ».
1. Quelle place accordez-vous à la démonstration (avantages, inconvénients) ?
2. Quels critères de présentation doit-elle respecter ?

mots-clés de la QUESTION

DÉMONSTRATION – AVANTAGES – INCONVÉNIENTS
CRITÈRES DE PRÉSENTATION

La démonstration est la présentation (visuelle et auditive) d'un geste destiné à être perçu par l'élève pour prendre des informations en vue de sa reproduction. Elle est souvent réclamée par les apprenants afin de se faire indiquer l'exercice à réaliser : image de référence.

1. Avantages de la démonstration :

- Au stade perceptif, le modèle offert par la démonstration peut être utile. Il donne un aperçu global du but à atteindre, en montrant les aspects essentiels de l'habileté sportive à reproduire. La démonstration doit être excellente. Elle fournit une image des caractéristiques motrices de l'habiléte à réaliser. En ce sens, elle est un gain par rapport à des consignes verbales (elle évite les tâtonnements).
- Utilisée dans des périodes où l'imitation est naturelle (moyenne et grande enfance), elle est souhaitable et bénéfique.
- Exécutée à vitesse réduite (tout en respectant le rythme fondamental de l'habileté) elle permet d'insister sur des points-clés de son déroulement.
- Une exécution sur le mode négatif (« ce qu'il ne faut pas faire ») est à employer avec parcimonie et discernement, ne pas en abuser (démonstration caricaturale).
- Elle confère prestige et autorité à l'enseignant qui en use judicieusement.
- Elle a l'avantage de pouvoir être vue de face ou de profil, autorisant l'élève à mieux discerner tous les éléments de la figure (angles différents).

2. Inconvénients de la démonstration :

- Elle peut apporter trop d'éléments, trop d'informations pour que l'élève se concentre sur les points essentiels.
- L'élève peut ne retenir que des côtés secondaires, non prégnants pour l'exécution de l'habileté.
- Elle peut créer un sentiement de distance entre ce que l'élève sait faire et ce qu'il doit faire (effet démotivant).
- Elle peut focaliser sur une certaine manière de faire alors que d'autres possibilités pourraient être inventoriées.

3. Critères de présentation :

- le moment : ➡ avant l'activité, elle sert de présentation et capte l'attention de l'élève,
  ➡ pendant l'activité, elle est modèle de référence, mettant l'accent sur les erreurs commises et facilite la correction (affinement du geste) ;
- l'organisation : la démonstration doit être vue de tous ; c'est pourquoi, l'organisation est importante (élèves en demi-cercle, exécution de face et de profil). Elle est renouvelée plusieurs fois ;
- les démonstrateurs : soit l'enseignant, s'il est sûr de lui, soit un élève lui-même.

Ne pas systématiquement prendre le même élève (réactions négatives des autres).

mots-clés de la RÉPONSE

CORRECTION – MODÈLE – PLACEMENT

QUESTION 39

Dans de nombreuses disciplines, les éducateurs, dans leur enseignement, utilisent la « pédagogie du modèle » (ou analytique).
1. Définissez et caractérisez cette pédagogie.
2. Quelle analyse en faites-vous ?

mots-clés de la QUESTION

ENSEIGNEMENT – MODÈLE – CARACTÉRISTIQUES – ANALYSE

1. La pédagogie du modèle (ou analytique par élément) est sous-tendue par une conception particulière de l'enfant. Il est une boîte vide, une table rase sur laquelle les expériences vécues viendraient déposer leur empreinte. C'est l'enseignant qui apporte les connaissances utiles à son développement.

Appliquée aux A.P.S., elle est la pédagogie la plus souvent utilisée en éducation motrice, quel que soit l'âge des élèves, leur niveau de compétence et la nature de l'habileté motrice à enseigner.

Son principe de base est de considérer le mouvement à enseigner comme complexe ; il est alors toujours décomposé en éléments plus simples afin d'en faciliter l'acquisition. Ces différentes parties, une fois acquises, sont « recomposées » par l'apprenant en vue de produire le mouvement global.

> **Exemple : au golf, on apprend à tenir la canne, à se placer devant la balle, à prendre un élan vers l'arrière puis à descendre la canne vers l'avant pour frapper la balle.**

C'est la théorie associationniste par laquelle les apprentissages moteurs sont proposés en fait, morceau par morceau, l'élève s'essayant à remonter les différents éléments.

Pédagogie traditionnelle, centrée sur la technique, elle est reproduction d'un modèle de référence (le champion).

L'enseignant fait une démonstration de l'habileté à acquérir, donne des explications. L'élève exécute pendant que l'enseignant observe les manques techniques ; puis il donne de nouvelles consignes pour une nouvelle tentative.

2. Cette conception oublie que « le tout n'est pas réductible à la somme des parties ».

La décomposition est un processus logique pour l'éducateur afin de saisir les fondements mécaniques du geste mais devient un obstacle pour l'exécutant pour qui l'assemblage des éléments acquis en une totalité cohérente se fait a posteriori.

> **Exemple : Apprendre à frapper la balle, au golf, sur un tapis au practice, en décortiquant les différents moments du swing.**

Les gestes techniques sont considérés comme des outils nécessaires à la résolution des problèmes moteurs du jeu de golf. Or il n'est pas judicieux de construire en premier les outils mais les capacités à résoudre ces problèmes moteurs. De même que l'apprentissage des quatres opérations ne permet pas systématiquement la résolution des problèmes arithmétiques.

Même s'il ne fait aucun doute qu'à un moment donné de l'apprentissage, perfectionner ces outils devient nécessaire, mais, en liaison avec les stratégies et les exigences d'aujourdhui.

Cette pédagogie place l'enseignant au centre de la relation pédagogique : l'éducateur assume le choix des buts à atteindre et des moyens d'y parvenir. Il est détenteur du savoir. Il est le modèle à reproduire, il gère la séance et maîtrise l'ensemble du groupe d'élèves dont l'attitude reste la passivité et la dépendance.

D'autres modèles pédagogiques existent dont la pédagogie de résolution des problèmes (ou aménagement du milieu). Elles permettent d'installer une alternative à la pédagogie du modèle dont on peut penser qu'elle est plus en adéquation avec certaines disciplines (à dominante habiletés fermées comme la gymnastique et l'athlétisme) alors que la pédagogie d'aménagement du milieu s'accomode mieux aux disciplines à dominante habiletés ouvertes (sports collectifs ou de pleine nature : voile, ski...).

Certains auteurs pensent même qu'il existe une relation entre les pédagogies adoptées et le profil de personnalité de l'enseignant : à la pédagogie traditionnelle répondrait un éducateur, source de référence, qui maîtrise tout (but à atteindre, consignes) et à la pédagogie d'aménagement du milieu répondrait un éducateur organisateur des conditions matérielles, relationnelles et d'exécution de l'apprentissage.

mots-clés de la RÉPONSE

THÉORIE ASSOCIATIONNISTE – ÉLÉMENTS – COMPLEXITÉ
PÉDAGOGIE D'AMÉNAGEMENT DU MILIEU

QUESTION 40

Délaissant la « pédagogie du modèle » basée sur la reproduction d'une image de référence, certains éducateurs lui préfèrent la pédagogie de « résolution de problèmes » basée sur l'aménagement du milieu.
1. Définissez et caractérisez cette pédagogie.
2. Quelle analyse en faites-vous ?

mots-clés de la QUESTION

PÉDAGOGIE DE RÉSOLUTION DE PROBLÈMES
CARACTÉRISTIQUES – ANALYSE

1. La pédagogie de résolution de problèmes : définition

Si l'élève (l'enfant, l'adulte) qui apprend et réalise une habileté sportive est considéré comme un système qui traite de l'information, il convient de lui permettre :

- d'identifier le signal (exemple : trajectoire de la balle au tennis),
- de sélectionner la réponse (coup droit lifté),
- de programmer sa réponse (le geste du coup droit lifté),
- de contrôler a posteriori le résultat (rétroaction).

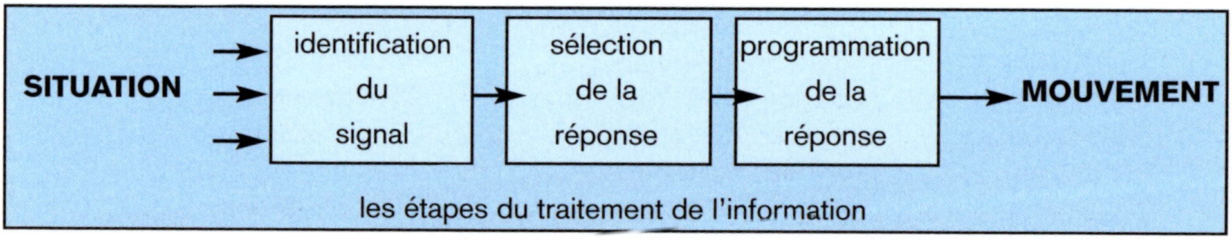

les étapes du traitement de l'information

L'éducateur met en place des TÂCHES MOTRICES.

« Une tâche consiste en un aménagement matériel plus ou moins complexe et une série d'instructions (ou consignes) qui spécifient ce qui doit être fait, en regard de cet aménagement matériel ». FAMOSE

La tâche devient ainsi un médiateur de la relation pédagogique. Les contraintes extérieures visant à mobiliser les ressources de l'apprenant sont liées aux quatre composants fondamentaux de la tâche (ses exigences) :

- le but à atteindre ➨ (sélection de la réponse),
- les opération ➨ (programmation de la réponse),
- le dispositif matériel ➨ (identification du signal),
- le critère de réussite ➨ (contrôle de la réponse).

L'éducateur « joue » sur les tâches et leurs contraintes.

- **tâche indéfinie : ni le but ni les opérations ne sont spécifiés ➨ pédagogie de la découverte. Exemple : enfants de maternelle découvrant une salle aménagée avec du matériel de gymnastique, aucune indication sur une quelconque utilisation du matériel (découverte libre) ;**
- **tâche semi-définie : spécification du but et des critères de réussite mais pas de consignes sur les opérations ➨ pédagogie de résolution de problème. Exemple : au tennis, renvoyer la balle dans le carré de service (renvoi libre). L'élève cherche la (les) solution(s) ;**

- **tâche définie : aménagement, but et opérations spécifiés. Elle correspond à l'initiation sportive traditionnelle ➡ pédagogie du modèle. Exemple : un sautoir en hauteur, franchir la barre, en style Fosbury.**

Le choix du type de tâche détermine la stratégie pédagogique de l'enseignant, qui développe quatre critères :

- **la détermination du type de tâche ;**
- **l'identification de la nature de la tâche ;**
- **la manipulation de la difficulté ;**
- **la manipulation de la complexité.**

2. La pédagogie d'aménagement du milieu (ou auto-adaptative, ou de résolution de problèmes) place l'enfant au centre de la relation pédagogique. Il est mis dans un contexte environnemental tel que la seule réponse qu'il puisse fournir aux sollicitations du milieu physique correspond à l'habileté que l'éducateur envisage de faire acquérir. Celui-ci précise un certain nombre de buts à atteindre, sans indiquer les moyens de les atteindre, laissant à l'apprenant la responsabilité d'inventer et de construire les réponses.

Exemple : au golf, un joueur présente un swing trop plat, il balaie horizontalement la balle. Pour l'amener à attaquer verticalement la balle, l'éducateur aménage la situation : le joueur est placé dans une pente descendante. Il ne peut toucher et frapper la balle qu'en l'attaquant avec un swing vertical.

- **L'intérêt de cette pédagogie consiste à transférer certaines prises de décision (notamment celles concernant le choix des objectifs, le matériel à utiliser, les modalités d'exécution) de l'éducateur vers l'élève.**
- **C'est une pédagogie de type « résolution de problèmes » car elle s'appuie sur un tatonnement de type essai-erreur.**

  L'apprenant pilote son comportement, il ne reproduit pas un modèle extérieur (celui du champion actuel).

  L'erreur fait partie intégrante de l'apprentissage.
- **Cette pédagogie n'est pas basée sur la transmission d'instructions verbales décrivant les caractéristiques du modèle à reproduire ; le mouvement est placé dans son contexte réel avec toute sa signification et son intérêt ludique, il n'est pas morcelé en petites unités (globalité).**

  Cette pédagogie novatrice a renouvelé la conception pédagogique de l'apprentissage moteur. Ses limites apparaissent quand la nature des activités ne s'accordent pas à ce mode d'enseignement (disciplines à gestuelle formelle et esthétique comme la gymnastique, le patinage artistique) par opposition à celles où elle excelle (comme les sports de pleine nature).

mots-clés de la RÉPONSE

TÂCHE MOTRICE – TYPE DE TÂCHES (BUT, CONSIGNES, AMÉNAGEMENT MATÉRIEL, CRITÈRE RÉUSSITE)
PÉDAGOGIE DE RÉSOLUTION DE PROBLÈMES

QUESTION 41

Il est recommandé à l'éducateur, avant l'animation directe d'une séance sur le terrain, d'effectuer une préparation préalable.
1. Quelle est cette préparation ?
2. Quelles règles pédagogiques générales doit-il respecter pour être efficace ?

mots-clés de la QUESTION

PRÉPARATION PRÉALABLE – RÈGLES PÉDAGOGIQUES GÉNÉRALES

L'éducateur prépare sa séance avant son animation directe sur le terrain avec ses élèves.

La séance est le point-charnière entre sa programmation (qu'il a esquissé de façon théorique) et la réalité de son groupe de pratiquants.

Ses buts :

- adapter les tâches au niveau de compétence des élèves,
- répartir au mieux les temps utiles de pratique (temps d'engagement moteur des élèves).

1. Structure de la séance :

3 parties essentielles :

1.1. Partie préparatoire (ou mise en train ou échauffement) :

- elle permet la présentation de l'activité (prise en main) et fait l'entrée en matière du cours ;
- elle permet d'annoncer les objectifs du jour, exemple : « aujourd'hui, travail de la défense 2-3 au basket-ball ! » ;
- elle relie la séance à la précédente : « Rappelez-vous notre travail de défense homme à homme de la dernière fois ! » ;
- elle capte ainsi l'attention des pratiquants ;
- elle permet de prévoir la mise en route physiologique en rapport avec les objectifs poursuivis, exemple : travail de défense entraîne travail de déplacements, d'appuis.

1.2 La partie fondamentale :

- elle est le thème central de la séance ;
- elle prévoit le rythme des exercices, alternant effort et récupération (quantitéd'efforts) ;
- elle organise le groupe (par 2, par vague...) ;
- elle organise l'espace et le matériel.

1.3. La partie finale :

- elle permet le retour au calme (exercices moins violents) ;
- elle est un retour d'informations sur les résultats obtenus c'est-à-dire que l'éducateur tire des enseignements sur les activités effectuées : les insuffisances, les réussites ;
- elle permet à l'éducateur d'adresser éloges ou réprobations ;
- elle est un trait d'union avec la prochaine séance ;
- elle est de courte durée.

2. Règles pédagogiques générales :

- La motivation des élèves : tout apprentissage n'est efficace que s'il est en accord avec la motivation des pratiquants.
- L'apprentissage est progressif : la tâche est en rapport avec les possibilités des pratiquants et progressivement complexifiée.
- L'apprentissage est significatif pour les pratiquants : il s'inscrit dans un programme cohérent, clairement perçu et expliqué.
- La répétition est indispensable : elle permet les liaisons neuronales d'engrammation (mémorisation).
- Le renforcement positif (récompenses) est nécessaire : chaque réponse correcte doit être valorisée (approbation directe : « C'est bien ! Excellent ! », adressée à l'individu ; sourire, acquièscement ou signe de contentement sont recommandés).
- La connaissance des résultats et l'évaluation des progrès sont indispensables pour le pratiquant (motivation).

mots-clés de la RÉPONSE

STRUCTURE DE LA SÉANCE (PARTIES PRÉPARATOIRE, FONDAMENTALE ET FINALE) – MOTIVATION – PROGRESSION RÉPÉTITION – RENFORCEMENT – RÉSULTATS ET PROGRÈS

QUESTION 42

Dans chaque discipline sportive, il apparaît d'évidents contrastes dans les comportements entre un pratiquant débutant et un pratiquant expert.
En vous appuyant sur un exemple tiré d'une discipline de votre choix, montrez quelles sont ces différences.

mots-clés de la QUESTION

PRATIQUANT DÉBUTANT – EXPERT – EXEMPLE – DIFFÉRENCES

Dans notre exemple, nous considérerons la conduite d'un joueur de tennis qui reçoit le service d'un adversaire (c'est-à-dire le relanceur). L'un est débutant (DEB), l'autre joueur classé expert (EXP).

Nous faisons référence au modèle théorique du traitement de l'information appliqué aux habiletés motrices.

Le joueur est un système qui traite des informations, qui résoud un problème et prend une décision. Il doit, chronologiquement :

- **identifier les caractéristiques du milieu environnant ;**
- **prédire les événements ;**
- **hiérarchiser ses réponses.**

Ainsi, notre joueur de tennis doit, à la fois :

- **se concentrer sur le serveur et la balle ;**
- **savoir quel type de service il va recevoir ;**
- **savoir s'il doit se déplacer pour frapper la balle ;**
- **frapper la balle ;**
- **analyser l'efficacité de sa réponse motrice ;**
- **garder en mémoire les sensations et informations vécues pour une utilisation ultérieure dans une situation similaire.**

1. Au stade perceptif :

DEB • Il ne sait pas exactement où regarder, quoi regarder, où concentrer son attention. Il voit le terrain, son adversaire. Son attention est large et il ne perçoit pas les indices pertinents de la situation.

EXP • Il sait où regarder : la balle, le type de lancer, la raquette de l'adversaire. Son attention est sélective et focalisée sur les indices pertinents lui permettant de « lire » la situation.

DEB • Il a besoin de temps pour analyser les données perceptives du jeu : il voit partir la balle mais le temps nécessaire à lire la trajectoire possible de la balle, ses effets, sa vitesse et son point de chute est très long.

EXP • Fort de ses expériences antérieures, dès la frappe du serveur, il s'informe des indices de trajectoire ; il repère mieux et plus vite ce qui lui permet d'anticiper sur le point de rencontre avec la balle.

2. Au stade de décision de la réponse :

DEB • La lecture tardive de la trajectoire lui demande de trouver rapidement une réponse, un plan d'action pour contrer le serveur. Son manque d'expériences ne lui permet peut-être pas de savoir quoi faire, de pouvoir envisager la réponse appropriée (revers ? coup droit ?).

EXP • Ayant deviné ou pressenti la trajectoire, il sélectionne un plan d'action (exemple : revers à plat le long de la ligne) et anticipe par un déplacement du corps pour se placer correctement à la frappe.

3. Au stade d'exécution de la réponse :

DEB • Il n'a pas de schéma d'organisation motrice défini, et ce d'autant plus qu'il n'a peu (ou pas) d'expériences motrices antérieures (la frappe de tennis peut être grossièrement comparée à un lancer de balle à la main type pelote basque). Il dépense une grande énergie.

EXP • Il puise dans ses nombreux programmes moteurs, retrouve celui qui correspond le mieux à la situation présente. Il programme les paramètres de vitesse, force, amplitude, direction correspondant au coup à réaliser. Il économise son énergie.

DEB • Il éprouve des difficultés à coordonner plusieurs mouvements : déplacement du corps, stabilisation des appuis, armer du bras et frappe de balle. Il peut se concentrer sur le déplacement sans armer son bras, donc échouer pour frapper.

EXP • Ayant anticipé, il est « idéalement » placé à la frappe : appuis stables, bras déjà armé. Il exécute le coup prévu et se replace déjà pour le suivant.

D'autre part, toute habileté motrice requérant l'expression des capacités cognitives et motrices mais aussi affectives il conviendrait de dire quelques mots sur le rôle de l'émotivité (trac) dans la réalisation du geste chez le débutant ou l'expert.

mots-clés de la RÉPONSE

STADE DE PERCEPTION – STADE DE SÉLECTION
STADE D'EXÉCUTION – AFFECTIVITÉ

QUESTION 43

Une des facettes du métier d'Éducateur sportif est représentée par l'enseignement d'une discipline.
Exposez les différents rôles de l'enseignant sportif.

mots-clés de la QUESTION

RÔLES - ENSEIGNEMENT

L'éducateur, détenteur de savoirs cherche à les transmettre. Il doit envisager les moyens de son action pédagogique, c'est-à-dire qu'il conçoit, réfléchit et met en œuvre des pratiques pour optimiser son enseignement. Il investit ses convictions en fonction de sa philosophie de l'homme et de la société dans laquelle il vit. À ce titre, l'enseignement peut être défini comme un art si l'on considère celui-ci comme une pratique conférant des savoir-faire (artisan).

L'enseignant choisit des tâches, observe ses élèves, organise le travail, soutient et motive.

1. L'enseignant est un concepteur :

- **planification des objectifs (éducatifs et opérationnels) ;**
- **programmation des contenus de formation ;**
- **préparation des séances ;**
- **choix de stratégies pédagogiques : options sur pédagogie de la découverte, de résolution de problèmes, d'imitation de modèles.**

2. L'enseignant est un organisateur :

- **aménagement du milieu :**
  - installations, matériels,
  - mise en place des tâches ;
- **organisation générale du groupe :**
  - ateliers, sous-groupes,
  - groupes de niveau.

3. L'enseignant est un informateur :

- **présentation des tâches (objectifs à atteindre) ;**
- **démonstration ;**
- **correction et évaluation par rapport à la qualité des prestations réalisées.**

4. L'enseignant est un régulateur :

- **adaptation des tâches :**
  - modifications éventuelles,
  - simplification,
  - complexification.

5. L'enseignant est un animateur et un communicateur :

Il est celui qui instaure le climat dans le groupe :

- **participation active des apprenants ;**
- **encouragements, sanctions, récompenses ;**
- **plaisir de la pratique ;**
- **motivation des élèves.**

6. L'enseignant est un évaluateur :

- **conclusions sur les séances et leur déroulement ;**
- **ajustement des tâches proposées ;**
- **ajustement de la programmation ;**
- **évaluation des acquis des élèves.**

mots-clés de la RÉPONSE

CONCEPTEUR – ORGANISATEUR – INFORMATEUR – RÉGULATEUR
ANIMATEUR – ÉVALUATEUR

QUESTION 44

Dans l'apprentissage des A.P.S., l'éducateur sportif est souvent confronté à la maladresse des pratiquants.

1. Que représente la maladresse pour vous ?

2. Quelles peuvent en être les causes et quelle est votre attitude en tant qu'éducateur ?

mots-clés de la QUESTION

MALADRESSE – DÉFINITION – CAUSES – ATTITUDE

La maladresse est inhérente à la pratique sportive, toujours rencontrée par l'éducateur, notamment dans l'initiation sportive.

1. Qu'est-ce que la maladresse ?

Le Petit Robert : « manque d'adresse (dans les mouvements, dans l'exécution d'un ouvrage, l'accomplissement d'une tâche) ; manque d'habileté, de savoir-faire, de tact ».

Cette définition, trop générale, ne renseigne pas suffisamment sur le concept de maladresse.

Il y a maladresse quand l'apprenant ne réussit pas la tâche projetée ; exemples : rater un panier, un but, un smash, un contrôle de balle, un tir...

Mais rater la cible au lancer de fléchette est-il de la même nature que rater le centre de la cible ?

C'est l'écart à la « norme » (réussite de la tâche) qui, plus ou moins grand, détermine la maladresse.

Il faut considérer la difficulté de l'objectif visé compte tenu de la situation environnementale, de l'enjeu et des possibilités psychomotrices du sujet agissant.

Exemple : rater un tir pour Jordan en finale NBA et rater un tir pour un élève de sixième lors d'une séance EPS sont-ils identiquement classés « tirs maladroits » ?

En fait, il convient d'introduire la notion d'écart maximal toléré : pour Jordan, c'est de la maladresse, pour l'élève de sixième c'est encore un comportement inadapté et inefficace.

2. Les causes possibles de la maladresse :

Nous éludons les causes organiques (lésions) et considérons les causes affectives et psychomotrices.

2.1. Les causes affectives :

Un développement affectif singulier (surprotection maternelle par exemple) peut amener un comportement immature et instable (agitation, retard moteur) pouvant entraîner la maladresse. L'éducateur ne peut se substituer au psychologue.

2.2. L'émotivité :

L'appréhension, le trac, la peur sont des causes courantes de la maladresse. L'émotion, en tant qu'activation de la vigilance, trop importante, retentit sur les tonus musculaire et cérébral, altérant la coordination générale. Elle perturbe la sélection des perceptions, trouble les schémas moteurs (crispations toniques). Cette émotivité augmente avec l'enjeu.

Exemple : au basket, tenter un lancer à deux secondes de la fin d'un match qualificatif quand les deux équipes sont à égalité ou tenter un lancer-franc à l'entraînement ne sont pas identiques en charge émotionnelle.

L'émotion altère la perception et le lancement du programme moteur.

L'éducateur sportif propose des techniques de relâchement (voir question SH30) pour améliorer la coordination motrice.

2.3. La fatigue :

Elle entraîne une saturation des systèmes de traitement de l'information et parasite les circuits neuronaux. La récupération est préconisée (sur-apprentissage).

2.4. Les erreurs informatives dans les programmes moteurs :

Schmidt (« Apprentissage moteur et performance ») introduit la notion de programmes moteurs généralisés (PMG). Ils sont une classe d'habiletés motrices (exemple : le lancer). Quand un geste de lancer est nécessaire (la situation environnementale), le sujet sélectionne le PMG correspondant, pour lequel il spécifie les paramètres caractéristiques de la situation (vitesse, direction, amplitude, force).

Exemple : au golf, le joueur « paramétrise » son coup en direction, distance (longueur), hauteur et force par rapport à la cible (drapeau) et aux obstacles du terrain (arbres, eau...).

L'erreur permise est variable. La non réussite du coup provient des paramètres introduits dans le programme : trop court, trop long, trop haut...

C'est après l'exécution du geste que l'erreur de programmation est décelée. La maladresse n'est qu'un ajustement progressif du PMG aux spécifications de l'action en cours.

Dans l'apprentissage de savoir-faire nouveaux, elle devient inéluctable et logique (il faut régler, ajuster).

Si les échecs sont trop nombreux, alors l'éducateur doit reconsidérer la tâche proposée (simplication) compte tenu de la compétence de l'apprenant. Il ré-aménage le milieu, change les opérations.

mots-clés de la RÉPONSE

NORME – ÉCART – ÉMOTIVITÉ – FATIGUE – PROGRAMME MOTEUR

QUESTION 45

Dans son enseignement, l'éducateur sportif utilise souvent le jeu comme un moyen pédagogique.

1. **Quelle place lui accordez-vous dans la formation sportive de l'enfant ?**
2. **Pensez-vous qu'il puisse favoriser l'acquisition d'habiletés motrices ?**

mots-clés de la QUESTION

JEU – PLACE – FORMATION – ENFANT – ACQUISITION D'HABILETÉS MOTRICES

1. La place du jeu dans la formation sportive de l'enfant :

L'enfant joue spontanément et le jeu tient une place essentielle dans son développement : les jeux sensori-moteurs jusqu'à 2 ans et demi, les jeux symboliques jusqu'à 5 ans, les jeux de règles jusqu'à 10-11 ans. Si on interroge un enfant pour savoir pourquoi il joue, il répond immanquablement : « c'est pour s'amuser ! ». Le jeu est divertissement, plaisir, activité de détente. Il est spontané, libre (l'enfant joue quand il le veut). Le jeu peut se définir comme la réalisation spontanée d'un besoin d'activité qui s'accompagne toujours de plaisir.

C'est en ce sens que l'adulte classe le jeu comme étant opposé au travail y acquérant une connotation suspecte pour être formateur. On ne peut pas « jouer pour rire » et être élément d'éducation.

Caillois (« Des jeux et des hommes ») détermine deux versants possibles dans le jeu :

- **La Paidia : activité désordonnée, turbulente qui est la version spontanée de l'instinct de jeu.**

  Exemples : courses et luttes non réglées, sans raison d'être.

- **Le ludus : version éducative de la paidia. « Il fournit l'occasion d'un entraînement et aboutit normalement à la conquête d'une habileté déterminée, à l'acquisition d'une maîtrise particulière ».**

  Exemples : compétitions sportives en général.

Nous mettons sous le vocable jeu l'ensemble des activités ludiques, formes jouées, petits jeux qui recouvre cet éclairage du plaisir ordonné (Ludus). Jouer est se proposer une tâche pour éprouver le plaisir de la surmonter et pour goûter la joie d'une puissance et d'une maîtrise personnelles.

C'est ici que le jeu ainsi défini est partie intégrante de la formation de l'enfant pour quatre raisons essentielles :

1.1. Il est libération : c'est le versant paidia de l'activité ludique. C'est la détente, le défoulement, la récompense après le travail, l'antidote de la fatigue (dérivatif).

Exemple : dans les APS, après un exercice ayant demandé une charge attentionnelle importante, le jeu libre sans contrainte particulière permet de « s'éclater », c'est la détente que l'éducateur propose à bon escient, sans abus.

1.2. Il est création : l'enfant invente, crée des gestes dans son activité jouée. Il est capable de découvrir de nouvelles formes motrices et de les incorporer.

Exemple : la pédagogie auto-adaptative permet cette création.

1.3. Il est apprentissage social : le jeu collectif permet la socialisation (la sociomotricité de Parlebas) il apprend les contingences du travail en groupe : entraide-solidarité-coopération.

1.4. Il est formation : l'enfant investit sa personnalité dans les jeux, il exprime ses traits de caractère et se révèle aux Autres « Il y a du je dans le jeu » (Parlebas).

Exemple : le timide qui doit surmonter ses craintes, le turbulent qui doit canaliser son agitation...

2. Si jouer est se proposer une tâche pour éprouver le plaisir de la surmonter, alors le jeu peut aider à l'acquisition des habiletés motrices.

L'éducateur s'en sert comme un outil de formation (car c'est la situation qui définit le jeu). Il convient que l'enseignant :

- varie les situations,
- aménage les tâches,
- donne des objectifs clairs et concrets (hors imitation de modèles),
- motive l'enfant.

Le jeu n'est plus le jeu enfantin (décidé par lui) mais jeu éducatif (proposé par l'adulte), celui qui engage ses capacités cognitives, motrices et affectives. Car il est reconnu que l'enfant se complait dans ce qu'il sait faire, sans se remettre en cause. Il ne force pas son talent. Il lui faut expérimenter l'effort, la volonté.

À l'éducateur de multiplier les activités ludiques pour enrichir sa palette motrice

Exemples :

– le jeu libre : moyen d'évaluation ou de récréation ;

– le jeu dirigé : moyen d'application d'un thème particulier ;

– le jeu réduit : moyen de facilitation en diminuant les charges informatives.

mots-clés de la RÉPONSE

PLAISIR – PAIDIA – LUDUS – LIBÉRATION – CRÉATION
APPRENTISSAGE SOCIAL – FORMATION DE SOI

REUSSIR

3

■

LE CADRE INSTITUTIONNEL SOCIO-ÉCONOMIQUE ET JURIDIQUE (ORAL)

■

PRÉSENTATION

L'annexe 2 de l'arrêté du 27 juin 1995 n'a pas modifié profondément le programme de cette épreuve.

Nous pouvons cependant noter qu'il est beaucoup moins descriptif que le précédent et qu'il recouvre un champ de connaissances présentant peu de nouveautés hormis la « réglementation des Activités Physiques et Sportives (APS) de l'Union Européenne » (ou, ce qui serait plus juste, l'influence de la réglementation générale de l'Union appliquée aux APS) et un élargissement de l'étude des principaux acteurs socio-économiques tels les établissements proposant et organisant des APS de loisirs de type : comité de tourisme, colonie de vacances, sociétés commerciales...

À partir de cette analyse, et compte tenu de l'importance que les formateurs et les jurys accordent à tels éléments du programme en fonction des capacités attendues d'un titulaire du Brevet d'État d'Éducateur Sportif premier degré (BEES 1), les questions posées peuvent permettre de déterminer des grandes parties.

Partie I

– Les partenaires de l'Association sportive (AS), aides et financements.
Questions CISEJ de 46 à 50.

Partie II

– Comment se crée, se gère et fonctionne une AS ?
Questions CISEJ de 51 à 55.

Partie III

- Le mouvement sportif français.
Questions CISEJ de 56 à 60.

Statistiquement, les candidats ont une chance sur deux de tirer au sort une question sur ces thèmes. Viennent ensuite des questions concernant l'encadrement.

Partie IV

– Les obligations de l'éducateur sportif (bénévole ou non).
Questions CISEJ de 61 à 65.

Partie V

- **Les problèmes liés à la responsabilité et aux contrats d'assurance.**
  Questions CISEJ de 66 à 69.

Et, enfin, des questions faisant référence à des parties plus restreintes et précises du programme.

Partie VI

- **Questions diverses : contrôle médical, lutte anti-dopage, sport scolaire...**
  Questions CISEJ de 70 à 75.

Partie VII

- **« Des chiffres et des idées » pouvant aider le candidat à introduire ou conclure son exposé.**
- **« Répertoire des sigles ».**

QUESTION 46

Votre association est déclarée depuis bientôt un an ; vous en êtes le principal animateur et vous recherchez des moyens supplémentaires de fonctionnement. Après avoir rappelé les aides que vous pouvez attendre de la Direction Départementale de la Cohésion Sociale (DDCS) et/ou Protection des Populations (DDCSPP), vous préciserez les conditions que vous devez remplir pour les obtenir.

mots-clés de la QUESTION

MOYENS SUPPLÉMENTAIRES – AIDES DE LA DDCS OU DDCSPP – CONDITIONS

Le candidat fait appel à des connaissances concernant le Ministère chargé des Sports (MS), les aides aux AS et, à un degré moindre, au fonctionnement du club.

1. La DDCS ou DDCSPP :

1.1. Définition :

C'est un organe déconcentré de l'État (MS), chargé de la mise en place de la politique gouvernementale, et du développement des APS en liaison avec les partenaires locaux (conseil général, communes, comités départementaux sportifs…).

1.2. Principales missions :

- information, conseils,
- formation, examens,
- aides au mouvement sportif,
- contrôle.

2. Conditions pour obtenir l'aide de l'État :

Pour pouvoir bénéficier des aides de l'État, les AS doivent demander l'agrément « Sports ».

– obligations :

- fonctionnement démocratique,
- transparence de gestion,
- égal accès des femmes et des hommes aux postes de responsabilité ;

– constitution du dossier :

- statuts, récépissé de déclaration, copie du « Journal Officiel »,
- affiliation à une fédération,
- bilan financier des 3 dernières années (au moins une année) et budget (prévision année à venir) ;

– démarches :

Elles sont effectuées auprès de la DDCS ou DDCSPP et c'est le préfet du département qui octroie l'agrément.

3. Les aides possibles :

Elles seront surtout financières mais ont la particularité de n'être attribuées que pour réaliser un projet précis (souvent avec signature de convention).

3.1. Subventions du MS :

a) **les contrats éducatifs locaux :** dispositifs interministériels pilotés par les DDCS ou DDCSPP permettant de mettre en cohérence sur un territoire les temps scolaires, péri et extrascolaires. Il s'agit d'aborder l'éducation des enfants avec l'ensemble des partenaires concernés (mission partagée) entre les familles, l'état, les enseignants en particulier, le milieu associatif, les collectivités locales, pour une réelle continuité éducative (groupe de pilotage, convention).

b) **les subventions CNDS (ex-subventions FNDS) :**

- prélèvements sur la Française des Jeux (1,78 %) et sur les droits de retransmission TV (5 % = fonds de mutualisation) ;
- subventions d'équipements ou de fonctionnement ;
- actions subventionnées : pratique pour le plus grand nombre, haut niveau, santé par le sport, sécurité des pratiques, encadrement, accompagnement éducatif… ;
- démarches à effectuer après de la DDCS ou DDCSPP.

mots-clés de la RÉPONSE

DDCS OU DDCSPP – AGRÉMENT J.S. – CNDS – CEL
SUBVENTION DE PROJETS

QUESTION 47

Afin d'aider les responsables d'une AS nouvellement créée, vous leur suggérez de solliciter les collectivités territoriales. Quelles aides peuvent-ils espérer et quelles démarches doivent-ils effectuer ?

mots-clés de la QUESTION

COLLECTIVITÉS - AIDES - DÉMARCHES

Le candidat se reporte à ses connaissances des domaines : décentralisation, conseil régional, conseil général, commune et, à un degré moindre, au fonctionnement de l'AS.

1. Les lois de décentralisation :

Depuis 1982, le pouvoir de certaines collectivités a été accru voire créé (Région). Il est basé sur :

– un territoire (commune, département, région) ;

– une élection directe (conseils municipaux, généraux, régionaux) ;

– des ressources financières (impôts locaux et part des impôts reversée par l'État) ;

– des compétences : occupation des sols ➡ commune,
routes ➡ département,
formation professionnelle ➡ région ;

– une autonomie ;

d'où 3 partenaires possibles : les 3 collectivités territoriales.

Cependant, le développement des APS n'a pas fait l'objet d'un partage de compétence.

2. Le Conseil Régional :

Ses compétences étant surtout d'ordre :

– formation professionnelle ;

– développement économique et touristique,

dans le domaine des APS, cela peut se traduire par des subventions :

- aide aux sportifs de haut niveau,
- aide à l'emploi,
- aide aux formations qualifiantes (BEES, BPJEPS, DEJEPS, DESJEPS),
- subventions pour une manifestation exceptionnelle, pour un projet,
- investissement (construction ou aménagement d'installations sportives), matériel.

3. Le Conseil Général :

Ses compétences (équipement des routes et actions sanitaires et sociales) n'ont pas beaucoup de rapport avec les APS mais c'est un partenaire intéressé souvent par l'animation locale d'où suivant les politiques :

- **les mêmes subventions éventuellement que le Conseil régional et en plus :**
  - **des subventions de fonctionnement (notamment aux Comités Départementaux Sportifs) ;**
  - **des aides en personnels d'animation (certains ayant créé un service d'animation) ;**
  - **des installations : bases départementales de plein air, lieux de stages…**

4. La commune :

Ses compétences en font la collectivité la plus proche et la plus sensible à l'animation locale.

C'était et cela reste (après la décentralisation) le partenaire privilégié de l'AS et celui dont les aides sont les plus importantes :

- **mise à disposition gratuite d'installations sportives ;**
- **recrutement d'éducateurs territoriaux des APS pouvant être utilisés dans l'animation des clubs locaux (écoles de sports, sections sportives, encadrement d'équipes de jeunes...) ;**
- **subvention de fonctionnement ;**
- **subvention pour manifestation ou action exceptionnelles ;**
- **subvention d'investissement.**

5. Les communautés :

Au nombre de trois, elles concernent les communautés de communes, d'agglomérations (au moins 50 000 habitants) ou urbaines (plus de 500 000 habitants).

La loi leur a conféré des compétences :

- **obligatoires : seule la communauté urbaine est compétente de plein droit dans la construction, l'aménagement et la gestion d'équipements sportifs d'intérêt communautaire ;**
- **facultatives : pour les deux autres, la même compétence peut être choisie.**

Cela modifiera donc la relation des clubs utilisateurs ou animateurs de ces structures.

6. Les démarches :

À part les subventions de fonctionnement pour lesquelles des imprimés peuvent exister (à retirer et à renseigner en septembre lors d'une demande pour l'année suivante auprès des services concernés), il y a 2 types de démarches (qui peuvent être combinées) ;

- **contact, courrier et demande de conseils auprès des services de la collectivité territoriale ;**
- **rendez-vous avec l'élu responsable pour présenter ou faire appuyer le dossier.**

QUESTION 47

AIDES AU SPORT

AIDES		COMMUNE
SUBVENTIONS	INVESTISSEMENTS Equipements	**
	FONCTIONNEMENT	****
	PROJETS ACTIONS	*
	MANIFESTATIONS EXCEPTIONNELLES	**
	HAUT NIVEAU SPORTIFS	
	FORMATION	
	CENTRE MEDICO-SPORTIF	**
MISE à disposition	INSTALLATIONS SPORTIVES	****
	PERSONNELS	**

* peu important

**** très important (partenaire privilégié pour ce type d'aide)

DÉPARTEMENT	RÉGION	ÉTAT
**	*	*
***		
*	*	****
*	*	*
*	**	***
	*	*
		*
*		*
*		****

mots-clés de la RÉPONSE

DÉCENTRALISATION – COMPÉTENCE – CONSEIL RÉGIONAL CONSEIL GÉNÉRAL – COMMUNE – AIDES EN MATÉRIEL ET INSTALLATIONS – EN PERSONNELS – EN SUBVENTIONS DE FONCTIONNEMENT OU D'INVESTISSEMENT – ÉLUS SERVICES ADMINISTRATIFS

QUESTION 48

Vous avez aidé à la création d'un club sportif. Quels moyens de fonctionnement allez-vous demander à votre partenaire privilégié qu'est la commune et l'Office Municipal des Sports (OMS) s'il en existe un ? Quelles démarches allez-vous entreprendre ?

mots-clés de la QUESTION

MOYENS DE FONCTIONNEMENT – PARTENAIRE PRIVILÉGIÉ COMMUNE – OMS – DÉMARCHES.

1. La commune et l'OMS :

1.1. La commune :

- **Définition : c'est une collectivité territoriale remplissant les conditions évoquées à la question 47 (territoire, élection directe, ressources financières, compétence et autonomie).**
- **Missions : urbanisation et équipements collectifs notamment de type loisir-culture.**
- **Organisation : les décisions sont prises par la Conseil Municipal après un travail préparatoire des commissions municipales (commissions des sports, des finances...) dans les plus grandes villes.**

  Deux élus présentent plus d'importance pour les clubs, le Maire et l'adjoint au Maire chargé des Sports (dans les villes les plus importantes).

  L'exécution se fait par les services municipaux (service des sports ou autres).

1.2. L'OMS : organisme de consultation :

- **Définition : c'est une « association de type loi 1901 » comprenant des membres de droit (élus municipaux) et des représentants du mouvement sportif local.**
- **Missions : il propose aux élus des solutions pour l'organisation des APS dans la commune (création, aménagement des installations sportives, répartition entre utilisateurs, critères et subventions).**

2. « Partenaire privilégié » : pourquoi ?

Le candidat s'efforcera à l'aide d'exemples de souligner l'importance de l'investissement des communes dans les installations sportives et, qu'en contrepartie, les clubs sont les animateurs de ces locaux permettant ainsi à la commune de présenter une image d'activité, de qualité de vie.

De bons résultats sportifs dans les compétitions, notamment nationales, font la promotion de la ville.

Les élus savent que, souvent, ils peuvent compter sur les bénévoles de ces associations pour participer à une manifestation qu'ils organisent : forum, fête du sport...

3. Moyens de fonctionnement et démarches :

3.1. Aides financières :

- **subvention de fonctionnement : contact pris auprès des services municipaux ;**
- **subvention pour une manifestation exceptionnelle (ou une action particulière) préparer et présenter un projet à l'élu responsable ou au Maire ;**
- **subvention d'investissement : renseignements pris auprès des services municipaux pour préparer le dossier puis démarches vers les élus.**

3.2. Aides en personnel :

- **animation, encadrement : présenter un projet au Maire (dossier et rendez-vous) ;**
- **logistique : installation de tribunes, barrières, aménagement, etc. (cf. manifestation exceptionnelle).**

3.3. Aides en matériel et installation :

C'est souvent une demande de mise à disposition gratuite :

- **pour l'entraînement, elle s'effectue en fin de saison sportive (juin) pour la suivante ;**
- **pour les compétitions : dès réception du calendrier ;**
- **pour une compétition exceptionnelle : le plus tôt possible (1 an à 3 mois avant).**

3.4. Rôles de l'OMS :

Les demandes de subvention de fonctionnement et de répartition des installations sportives peuvent être faites auprès de cet organisme, s'il a été chargé, par le Conseil Municipal, de l'aider dans ses tâches.

QUESTION 48

LE CLUB ET LA COMMUNE

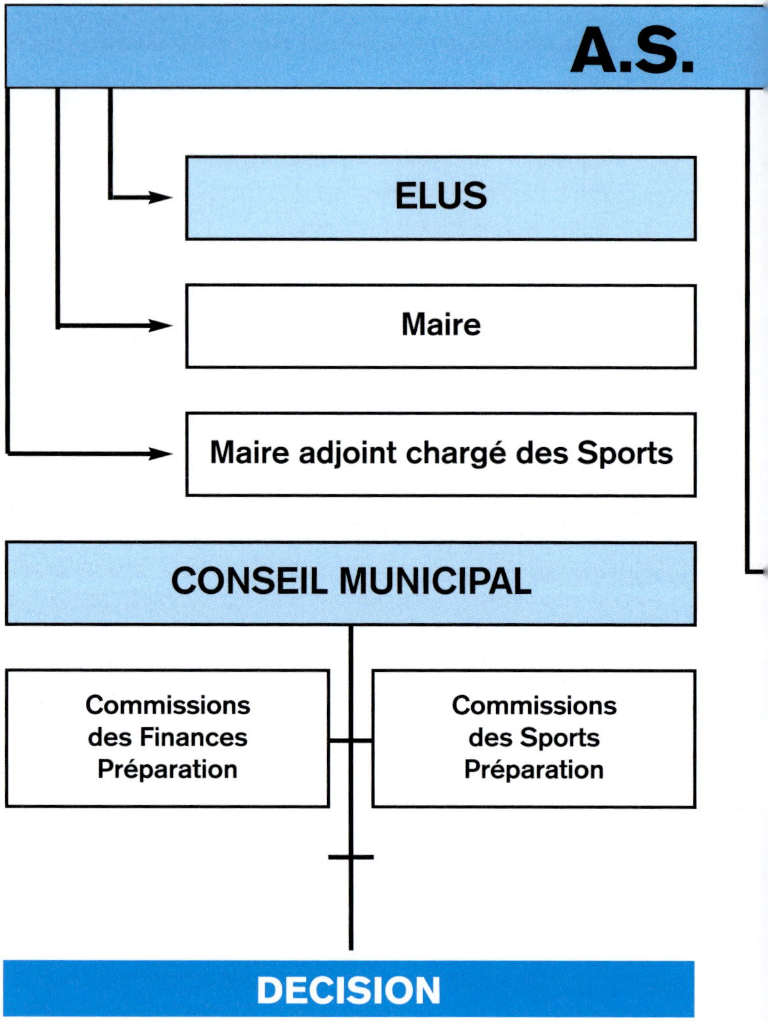

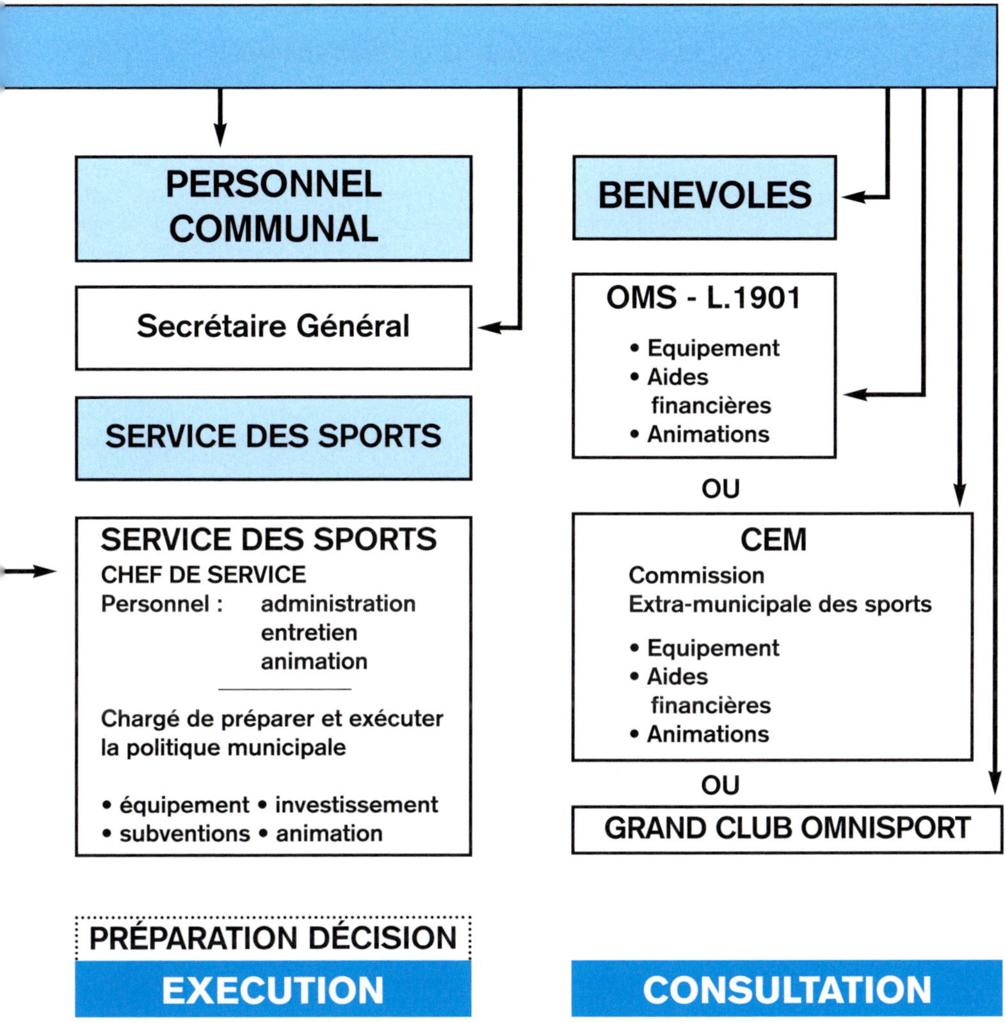

mots-clés de la RÉPONSE

COMMUNE – COMPÉTENCE – MAIRE – MAIRE-ADJOINT – CONSEIL MUNICIPAL – SERVICE DES SPORTS – SERVICES MUNICIPAUX – AIDES FINANCIÈRES – AIDES EN PERSONNEL, EN MATÉRIEL EN INSTALLATIONS SPORTIVES – CONSULTATION (OMS).

QUESTION 49

Votre association sportive a besoin de nouveaux moyens financiers. À quels partenaires peut-elle s'adresser ?

mots-clés de la QUESTION

AS – MOYENS FINANCIERS – PARTENAIRES

Le candidat doit faire appel à des connaissances concernant le MS, les collectivités territoriales, les aides aux AS et, à un degré moindre, le fonctionnement du club et les obligations fiscales (cette question reprend beaucoup de connaissances exigées dans les précédentes mais nous la présenterons sous une autre forme où les types d'aides financières et non plus les partenaires seront le « squelette » de la réponse).

1. Les subventions :

- **pour de l'investissement :**

  matériel « lourd », installations ➨ partenaires possibles : la commune, les communautés, le Conseil Général, le Conseil Régional, l'État (CNDS) ;
- **pour le fonctionnement ➨ la commune, quelquefois le Conseil Général ;**
- **pour un projet d'action ➨ la commune, le Conseil Général, la DDCS ou DDCSPP (notamment le CNDS) ;**
- **pour la formation, l'emploi des cadres sportifs ➨ la DDCS ou DDCSPP, le Conseil Général et le Conseil Régional.**

2. Le mécénat :

Une loi permet aux AS de percevoir des « dons manuels » (dons « de la main à la main », cf. Loi de 1901).

Ces généreux bienfaiteurs (particulier ou entreprise) bénéficieront d'une réduction d'impôt sur présentation du reçu délivré par le club.

3. Le « sponsorisme » :

Le « sponsor » est-il un partenaire ? Si l'on prend l'exemple du Comité Olympique International (CIO), les partenaires olympiques (Top Ten : Coca Cola, Adidas...) sont ceux qui, intéressants sinon intéressés, peuvent bénéficier de ce label... en payant (le prix fort).

Mais le « sponsorisme » est une forme de prestation de service où le contrat est basé sur l'utilisation de l'image de marque et les résultats d'un club, d'une équipe, en contrepartie d'une somme d'argent ou d'un équipement au nom du « partenaire ». C'est donc un contrat de publicité.

Cette prestation de service est alors soumise à un impôt : la TVA que doit prélever le club sur le montant versé par le « sponsor », pour la reverser à l'État.

Bien entendu, l'interprétation est plus délicate quand il s'agit d'une petite association sportive, qu'il n'y a pas de contrat et qu'un commerçant verse une somme modique sachant pertinemment que ce geste se rapproche plus du « don manuel » que de l'utilisation publicitaire.

Toutefois, le mouvement sportif, même en règle avec la fiscalité, ne peut faire de publicité pour des marques de tabac et d'alcool (Loi Evin).

mots-clés de la RÉPONSE

SUBVENTIONS – INVESTISSEMENT – FONCTIONNEMENT – ACTION FORMATION – EMPLOI – DDJS – COMMUNE – CONSEILS GÉNÉRAUX ET RÉGIONAUX – MÉCÉNAT – SPONSORISME – TVA

QUESTION 50

Une association sportive permet à ses adhérents de s'initier, s'entraîner et concourir dans des compétitions. Quelles peuvent-être les sources de financement de ses activités ?

mots-clés de la QUESTION

AS – ACTIVITÉS – SOURCES DE FINANCEMENT

Le candidat se reporte à des connaissances des domaines : fonctionnement de l'AS, décentralisation et collectivités territoriales, MS, obligations fiscales et à un degré moindre licence et assurances.

Le sujet englobe toutes les ressources financières de l'association et notamment celles évoquées dans les réponses aux questions précédentes.

1. La cotisation :

C'est la ressource principale de la plupart des AS. Elle est fixée statutairement chaque année par l'Assemblée générale (AG) et fait partie du budget (prévision de recettes et de dépenses).

La totalité de la somme réclamée aux adhérents en début de saison ne représente pas uniquement la somme dont disposera le club. Elle comprend souvent en plus le coût de la licence sportive (parts fédérale, ligue, comité départemental et même contrats d'assurance).

2. Les subventions :

2.1. De type :

- **fonctionnement ;**
- **projet ;**
- **formation emploi ;**
- **manifestations exceptionnelles ;**
- **investissement.**

2.2. Provenant de :

- **la commune, les établissements publics de coopération intercommunale ;**
- **le Conseil Général ;**
- **le Conseil Régional ;**
- **l'État (DDCS ou DDCSPP).**

3. Le mécénat :

Cf. CISEJ 49-2e.

C'est un don effectué sans contrepartie.

4. La recette des manifestations sportives :

Ce sont les droits d'entrée sur le lieu des compétitions. Ces recettes sont soumises à l'impôt sur les spectacles, mais certains sports en sont exonérés par le MJS et le club peut en demander l'exonération au Maire.

5. Le sponsorisme :

Cf. CISEJ 49-3e.

C'est un contrat de publicité (même s'il est tacite), il y a donc prestation de service donc impôt (TVA).

6. Prestation de service, vente d'objets :

S'il y a vente, il y a imposition (TVA) sauf dans le cas de :

- **prestation de service à caractère social, éducatif ou sportif rendue à ses membres ;**
- **vente d'objets aux adhérents dans la limite de 10 % des recettes totales de l'AS ;**
- **manifestation organisée au profit d'une association à caractère social ou philanthropique ;**
- **6 manifestations de soutien par an.**

Même si ce sont des ressources possibles, le législateur veut éviter que l'activité principale (le sport) ne devienne accessoire et que l'activité « commerciale » prédomine.

Pour les autres impôts commerciaux (impôt sur les sociétés, taxe professionnelle), l'association doit :

- **avoir une gestion désintéressée ;**
- **ne pas concurrencer un commerce ou ne pas gérer l'activité de la même manière (prix, public, produit et publicité doivent être différents).**

7. Le système bancaire :

Dès la création et la déclaration des associations, les responsables de clubs procèdent à l'ouverture d'un compte bancaire facilitant leur gestion financière. Ce partenaire peut permettre :

- **de procéder à des emprunts pour réaliser d'importants projets ;**
- **de rémunérer les excédents qui pourraient être dégagés chaque année, en vue de constituer un fonds de roulement ou d'investissements futurs (compte épargne, SICAV, actions...).**

mots-clés de la RÉPONSE

COTISATION – LICENCE – AIDES FINANCIÈRES
COLLECTIVITÉS TERRITORIALES – ÉTAT – MÉCÉNAT
SPONSORISME – MANIFESTATION – PRESTATION DE SERVICE
VENTE D'OBJETS – TVA – BANQUE

QUESTION 51

Les fondateurs d'une association sportive préparant l'Assemblée Générale constitutive vous demandent conseils pour établir des statuts et un règlement intérieur. Après avoir comparé ces deux types de convention, que leur conseillez-vous ?

mots-clés de la QUESTION

COMPARAISON – STATUTS – RÈGLEMENT INTÉRIEUR – CONSEILS

Le candidat doit faire appel à des connaissances sur le fonctionnement de l'association. De plus la question implique une « comparaison » et non pas un plan.

1. Les statuts.

2. Le règlement intérieur.

Nous proposons donc :

1. Statuts et règlement intérieur :

STATUTS		RÈGLEMENT INTÉRIEUR
Membres fondateurs	**préparés par**	CA ou Bureau
AG constitutive	**approuvés par**	AG ordinaire
AG extraordinaire	**modifiés par**	AG ordinaire
Préfecture (signés par 2 personnes) et au siège social	**déposés**	Siège social
	devraient être connus de tous les membres	
Obligatoires		**Facultatif**
	comprennent	
1. État Civil de l'AS 2. Composition de l'AS Comment devenir membre ? Les différents membres 3. Administration et Fonctionnement Rôle de chacune des différentes structures 4. Les AG 5. Ressources, dissolution, Règlement intérieur		Des compléments aux statuts pour préciser ce qui n'a pas été explicité et qu'il est ainsi plus facile de modifier – composition de différentes commissions, rôles et liens avec le CA. – fréquence des réunions – horaire et condition d'utilisation de locaux – sanctions disciplinaires – utilisation du matériel – obligatoire et spécifique s'il y a un salarié
Opposables aux tiers car publication		Opposable uniquement aux adhérents

2. Conseils :

Les statuts sont « incontournables ». Ils sont nécessaires afin de pouvoir déclarer et rendre publique l'association, indispensables pour le bon fonctionnement et la répartition des pouvoirs et des responsabilités.

Par contre, une association naissante n'a pas un besoin immédiat de règlement intérieur car le nombre d'adhérents, d'installations sportives, de matériel étant peu important, il ne devrait pas y avoir beaucoup de problèmes à résoudre.

Les fondateurs ont donc intérêt à porter toute leur attention et disponibilité plus sur la préparation des statuts et de l'AG constitutive.

mots-clés de la RÉPONSE

PRÉPARATION – APPROBATION – MODIFICATION – CONTENU
OBLIGATION OU NON – OPPORTUNITÉ

QUESTION 52

Quels conseils donnerez-vous à des sportifs désirant créer leur propre club pour participer à des compétitions ?

mots-clés de la QUESTION

CRÉATION – CLUB – COMPÉTITION

Le candidat fait référence à des connaissances issues des thèmes : association (loi 1901), AG constitutive, déclaration administrative – affiliation.

1. Conception de l'association :

Conditions :

- être au moins deux (des sportifs),
- avoir un but commun (participer à des compétitions) autre que de « partager les bénéfices ».

2. Organisation d'une AG constitutive :

2.1. Collecte de renseignements :

- préfecture (ou sous-préfecture),
- DDCS ou DDCSPP,
- Comité Départemental de la discipline dont la pratique est envisagée,
- ou mieux un autre club pratiquant le même sport.

2.2. Préparation des statuts :

Les statuts représenteront la « convention par laquelle les adhérents se lieront entre eux. »

Ils seront rédigés en tenant compte de la législation et de la réglementation :

- **sur les associations (loi 1901) ;**
- **sur les APS (Code du sport) ;**
- **sur le sport pratiqué.**

2.3. Préparation de l'AG constitutive :

- **chercher un local ;**
- **fixer une date, un horaire en fonction de la disponibilité du public visé ;**
- **fixer un ordre du jour ;**
- **informer le public : affiches, annonces, invitations orales.**

3. L'AG constitutive :

Les « membres fondateurs » accueillent le public et suscitent des candidatures aux postes de dirigeant. Elle se déroule ensuite suivant l'ordre du jour prévu :

- **élaboration et approbation des statuts ;**
- **élection du premier Conseil d'administration (C.A.) ;**
- **élection (ou désignation) de vérificateurs aux comptes ;**
- **projet d'activités ;**
- **budget de la saison à venir (détermination du taux de la cotisation) ;**
- **questions diverses.**

4. La déclaration de l'association :

4.1. Déclaration :

Un responsable dépose en préfecture un dossier comprenant :

- **une déclaration sur papier libre ;**
- **la liste et l'état civil des responsables (2 à 3) ;**
- **les statuts paraphés par deux dirigeants.**

4.2. Insertion au Journal Officiel.

5. L'affiliation :

5.1. Renseignements :

Les responsables demandent au Comité Départemental (ou à la Fédération) les démarches à effectuer.

5.2. Le dossier :

Souvent fait sur un imprimé-type, la nouvelle association fournit :

- **des renseignements d'ordre administratif (nom du club, siège social, objet, récépissé de déclaration, Journal Officiel, liste des responsables) ;**
- **les statuts ;**
- **des renseignements d'ordre sportif (couleurs, installations sportives, encadrement, contacts...) ;**
- **un droit d'affiliation.**

mots-clés de la RÉPONSE

STATUTS – AG CONSTITUTIVE – ORDRE DU JOUR – DÉCLARATION INSERTION AU JOURNAL OFFICIEL – AFFILIATION

QUESTION 53

Un ami, président d'association sportive, vous demande de l'aider à établir une convocation pour une assemblée générale. Après avoir décrit les différents types d'AG, quel ordre du jour lui proposez-vous ?

mots-clés de la QUESTION

CONVOCATION – ORDRE DU JOUR – DIFFÉRENTES AG

Le candidat se reporte à des connaissances portant sur la création d'une association, sur les AG. Ce sont les statuts qui déterminent le fonctionnement des AG.

1. Les différentes AG :

1.1. L'AG constitutive :

- **c'est la « naissance » de l'association ;**
- **elle permet :**
  - d'élaborer et approuver des statuts,
  - d'élire des responsables,
  - de faire des projets (activités et finances) ;
- **elle est indispensable pour pouvoir ensuite :**
  - déclarer l'association,
  - ouvrir un compte bancaire,
  - affilier le groupement à une fédération.

1.2. L'AG ordinaire :

En général annuelle, elle permet de :

- **faire des bilans (activités, finances) ;**
- **modifier une politique ;**
- **renouveler les responsables ;**
- **établir des projets ;**
- **prendre toutes décisions importantes non urgentes.**

1.3. L'AG extraordinaire :

Très occasionnelle, elle est réunie lorsque la situation l'exige :

- **urgence d'une décision importante ;**
- **modifications des statuts ;**
- **litige ou désaccord entre les membres ;**
- **dissolution.**

Selon les statuts, elle peut être convoquée à la demande du Président, d'un certain nombre de membres du CA ou des adhérents.

2. Convocation (invitation) à l'AG ordinaire :

(La question ne précisant pas le type d'AG, le candidat peut choisir sauf, bien sûr, l'AG constitutive puisque l'AS fonctionne déjà).

CONVOCATION

Les membres de .... sont priés de participer à l'AG ordinaire qui clôturera la saison.

Elle se tiendra le .... à ....

Ordre du jour :

- **lecture et approbation du procès-verbal de la dernière AG ;**
- **rapport moral du Président ;**
- **rapport d'activités ;**
- **rapport financier ;**
- **rapport des vérificateurs aux comptes ;**
- **renouvellement du tiers sortant (1) ;**
- **désignation des vérificateurs aux comptes ;**
- **propositions du Comité Directeur :**
  - activités,
  - budget : taux de la cotisation ;
- **vœux des sociétaires (1) ;**
- **questions diverses.**

(1) Les candidatures ainsi que les vœux des sociétaires seront reçus dès aujourd'hui au siège de l'association.

mots-clés de la RÉPONSE

AG CONSTITUTIVE – ORDINAIRE – EXTRAORDINAIRE
APPROBATION DES DIFFÉRENTS RAPPORTS – ÉLECTIONS
PROJETS – BUDGET

QUESTION 54

Une association sportive peut-elle faire des bénéfices ? Dans le cas d'un exercice financier excédentaire, quelles solutions légales sont envisageables pour les responsables qui vous demandent conseils ?

mots-clés de la QUESTION

BÉNÉFICES - EXCÉDENT FINANCIER - SOLUTIONS LÉGALES

Le candidat fait appel à des connaissances sur la loi de 1901, sur la gestion financière des AS.

1. La gestion non lucrative :

1.1. Oui :

L'AS peut faire des bénéfices, c'est même ce qu'elle recherche lorsqu'elle organise des manifestations, des prestations au profit de tiers (non-adhérents).

1.2. Oui... mais :

Ces bénéfices doivent être réinvestis dans « l'objet de l'association », ce qui est le cas de la majorité des petites associations où les bénéfices permettent de faire face au coût élevé de la compétition, du matériel, des déplacements, voire de l'encadrement sans augmenter de manière importante la cotisation.

1.3. Non :

Ces bénéfices ne peuvent être partagés par les adhérents ou par certains d'entre eux.

1.4. Non :

Si l'activité principale, en contradiction avec « l'objet » devenait la recherche de bénéfices, l'association ne pourrait plus prétendre à des allégements fiscaux (TVA, impôt sur les sociétés, taxe professionnelle).

2. Solutions légales :

Si le bilan financier de la saison sportive écoulée fait apparaître un excédent, plusieurs solutions légales s'offrent aux gestionnaires de l'association :

2.1. Constitution d'un fonds de réserve :

Pratiquement indispensable à chaque club, cette solution permet de faire face à des dépenses que les entrées d'argent ne permettent pas de satisfaire momentanément.

2.2. Nouveaux projets :

Ces excédents peuvent servir à améliorer les conditions de pratique voire d'être plus ambitieux dans les résultats sportifs.

2.3. Projet coûteux à moyen terme :

Un plan de financement pour des investissements plus onéreux peut prévoir ainsi l'utilisation des excédents sur plusieurs années :

- **professionnalisation de l'accueil, de l'encadrement ;**
- **accession à un niveau plus élevé de compétition ;**
- **construction ou amélioration d'installations sportives.**

2.4. Thésaurisation :

Dans le cadre des projets ci-dessus, les bénéfices d'une année peuvent être placés sur des comptes ou en actions, permettant une rémunération de l'épargne suivant les règles fiscales en vigueur.

mots-clés de la RÉPONSE

BÉNÉFICE – PAS DE PARTAGE – RÉINVESTISSEMENT DANS L'OBJET DE L'AS – PAS DE COMMERCE – FONDS DE RÉSERVE – PROJETS À MOYEN OU LONG TERME – PLACEMENTS FINANCIERS

QUESTION 55

Quelle organisation proposerez-vous pour faire fonctionner une association sportive ayant à faire face à une forte augmentation d'adhérents ?

mots-clés de la QUESTION

ORGANISATION – FONCTIONNEMENT – AS – ADHÉRENTS NOMBREUX

Le candidat fait référence à des connaissances ayant pour thèmes la constitution de l'association, les administrateurs, les AG.

1. Organisation classique d'une association :

1.1. L'Assemblée générale :

– **Composition :**

C'est la réunion de tous les adhérents. Seuls ont voix délibérative ceux qui :

- jouissent de leurs droits civiques,
- sont à jour de leur cotisation,
- ont plus de 16 ans (en général, selon les statuts) ;

– **Rôle :**

Elle a tous les pouvoirs puisqu'elle :

- approuve l'action des responsables,
- élit ses responsables,
- décide des grandes orientations.

Mais, pour plus d'efficacité, elle délègue des pouvoirs et responsabilités aux élus.

1.2. Le Conseil d'Administration (CA ou Comité Directeur) :

– **Composition :**

Le nombre est déterminé par les statuts. Tout électeur peut être élu (exception : mineur, salarié dans certains cas) ;

– **Rôle :**

Il élit le bureau (ou bureau directeur), contrôle son action et, notamment, la concordance entre les actions du bureau et les décisions de l'AG. Il se réunit sur un rythme statutaire (environ tous les 3 mois).

1.3. Le Bureau directeur :

– **Composition :**

Variable suivant les statuts, il comprend au moins 3 personnes (Président, secrétaire, trésorier) élues par le CA et parmi ses membres (exception pour les postes de responsabilité, cf. 1.2).

– **Rôle :**

Chargé de la mise en place de la politique définie en AG, il doit prendre toute décision nécessitant des réponses rapides. C'est le « moteur » de l'association avec des tâches réparties entre les 3 principaux responsables.

2. Délégation de pouvoirs :

Afin de mieux répartir les responsabilités, sous contrôle des organes précédemment décrits, il peut être créé :

2.1. Des commissions :

– Composition :

tous volontaires ayant des compétences pour animer ces commissions, présidées par des membres du C.A.

– Rôle :

Suivant les nécessités, des tâches précises peuvent être attribuées :

- promotion-communication : recherche de mécènes, relations avec les médias,
- animation : manifestations conviviales ou à but financier (bal, loto...),
- technique : mise en place d'une concertation pédagogique de l'encadrement.

2.2. Un règlement intérieur :

Cette nouvelle répartition nécessite fréquemment l'élaboration d'un règlement intérieur permettant de préciser pouvoirs et responsabilités de chaque commission que n'auraient pas prévus les statuts (cf. question CISEJ 51).

3. La professionnalisation de certaines tâches :

Pour faciliter le travail des responsables bénévoles, et si les finances de l'AS le permettent, il peut être proposé la création d'emplois :

3.1. Agent de développement :

Ce salarié se charge de l'accueil, de l'information du public, des adhérents et aide le secrétaire, le trésorier et même l'encadrement dans l'organisation des compétitions (installations sportives, déplacements, convocations, cotisations...).

3.2. Éducateur sportif :

Cet encadrement de qualité permet notamment d'envisager de meilleurs résultats, d'attirer un public plus important, d'améliorer l'animation des autres cadres bénévoles (concertation).

3.3. Agent administratif :

Il prend en charge l'ensemble des tâches administratives, assure accueil et informations.

4. Les ressources :

Si les dépenses ne sont pas compensées par les cotisations nouvelles, il faut trouver une solution (CISEJ 50).

mots-clés de la RÉPONSE

AG – CA – BUREAU – PRÉSIDENT – SECRÉTAIRE – TRÉSORIER COMMISSIONS – RÈGLEMENT INTÉRIEUR – AGENT DE DÉVELOPPEMENT – ÉDUCATEUR SPORTIF PROFESSIONNEL

QUESTION 56

Votre association sportive vient d'être déclarée et vous en êtes le principal animateur. Après avoir rappelé les différents types de fédérations sportives, quelles solutions envisagez-vous pour permettre à vos adhérents de pratiquer une discipline sportive selon leurs motivations (compétition, compétition-loisir, loisir) ?

mots-clés de la QUESTION

DIFFÉRENTS TYPES DE FÉDÉRATION SPORTIVE - COMPÉTITION COMPÉTITION-LOISIR - LOISIR - SOLUTIONS

Le candidat se reporte à des connaissances portant sur le mouvement sportif et, notamment, le système fédéral.

1. Les Fédérations dirigeantes :

Ce sont celles qui ont reçu la « délégation de pouvoir » de l'État pour organiser une discipline, délivrer des titres et établir des sélections. Elles sont souveraines en ce qui concerne les règles du sport (application des règlements issus des Fédérations sportives internationales).

Elles sont « unisport » mais peuvent avoir la responsabilité de disciplines connexes :

ex. : Fédération Française (FF) Football, Futsal, Beach soccer,
F.F. de judo et disciplines associées (judo, kendo).

Cette délégation est accordée pour 4 ans par le MS (valable la durée d'une olympiade).

1.1. Les Fédérations olympiques :

Ce sont celles qui font partie du programme des Jeux Olympiques d'été ou d'hiver.

ex. FF de Handball, FF de ski, (peut-être la vôtre).

1.2. Les Fédérations non olympiques :

ex. FF de rugby, de pétanque et jeu provençal.

1.3. Affiliation :

Ces fédérations permettent de satisfaire deux motivations des adhérents :

- la compétition ;
- le loisir éventuellement car les « licences » prises permettent une couverture des risques d'accident, des possibilités de lien avec d'autres clubs, des stages de découverte, initiation, perfectionnement ou formation de cadres.

ex. FF de ski qui proposait une « carte neige » qui est en fait un contrat d'assurance mais ne permet pas la compétition.

2. Les groupements nationaux :

Ce sont des Fédérations n'organisant pas de compétition (pas de délégation de pouvoir), agréées par le MJS.

ex. FF d'Éducation physique et gymnastique volontaire.

Une affiliation à ces fédérations, suivant les activités souhaitées par les adhérents, peut être intéressante dans le cadre du loisir et des pratiques de type « hygiénique ».

3. Les Fédérations affinitaires :

3.1. Définition :

Ces fédérations utilisent le sport comme « élément d'un ensemble éducatif, culturel et social ».

C'est la pratique du sport pour se regrouper autour d'une « affinité » entre les membres :

- idéologique : Fédération Sportive et Culturelle de France (FSCF, catholique), Union Française des Œuvres Laïques d'Éducation Physique (UFOLEP, laïcité) :
- politique ou syndicaliste : Fédération Sportive et Gymnique du Travail (FSGT) ;
- corporative : Union Française du Sport en Entreprise (UFSE) ;
- scolaire et universitaire : Union Nationale du Sport Scolaire (UNSS).

3.2. Multisport :

En général multisport, elles permettent de pratiquer plusieurs disciplines sportives avec une même licence car elles ont fréquemment passé des conventions avec les FF dirigeantes. Elles sont agréées par le MS.

Une affiliation à ces fédérations peut répondre à la motivation compétition-loisir des adhérents car les rencontres sont organisées avec beaucoup moins de contraintes (entraînement, arbitrage...).

mots-clés de la RÉPONSE

DÉLÉGATION DE POUVOIR – AGRÉMENT JS – OLYMPIQUE OU NON UNISPORT – GROUPEMENTS NATIONAUX – « AFFINITAIRES » MULTISPORT

QUESTION 57

Votre association sportive est affiliée à une fédération. Après avoir exposé l'organisation et les missions de cet organisme de l'échelon national à l'échelon local, décrivez les relations pouvant exister entre votre club et les différentes structures qui composent la Fédération.

mots-clés de la QUESTION

FÉDÉRATION – ORGANISATION – MISSIONS
DIFFÉRENTES STRUCTURES – LIAISONS AVEC LE CLUB

Le candidat utilise des connaissances portant sur le système fédéral et son expérience de licencié d'une fédération (ex. : le Rugby à XV et le Rugby à XIII).

1. La Fédération : c'est une association d'associations (le plus souvent reconnue d'utilité publique, ex. FF de Rugby). Les fédérations peuvent obtenir et bénéficier de :

- **l'agrément du MS :** permettant de recevoir des aides de l'État (subventions, CNDS, cadres techniques) si les fédérations adoptent dans leurs dispositions statutaires obligatoires un règlement disciplinaire-type ainsi qu'un règlement antidopage ;
- **la délégation de pouvoir :** accordée pour 4 ans (durée de l'olympiade) pour organiser une discipline ;

  ex. F.F. de Rugby au 1.1.2009 au 31.12.2012.

1.1. Organisation : Copiant le système politique, une fédération comprend :

- **un pouvoir législatif et de contrôle, l'AG :**
  - composée de représentants des clubs (cas du Rugby à XV), ou élus par les AG des Comités départementaux ou des ligues régionales,
  - le nombre de voix est fonction du nombre de licenciés,
  - elle définit, oriente la politique fédérale,
  - elle approuve annuellement les bilans d'activités et financiers,
  - elle modifie les statuts, les règlements généraux, les règlements des compétitions (en accord avec ceux de l'International Rugby Board),
  - elle élit le Comité Directeur et le Président de la Fédération sur proposition de celui-ci ;
- **un pouvoir exécutif :** le Comité Directeur, composé de 40 membres dont 37 élus au scrutin secret de liste par l'AG et 3 représentants du comité directeur de la ligue professionnelle, il doit comprendre des élus représentant :
  - les sportifs de haut niveau,
  - les médecins,
  - les féminines, au prorata du pourcentage des licenciés,

  il élit son bureau (sauf le Président) ;
- **un pouvoir délégué à des commissions :**
  - commission sportive : organisation des championnats,
  - commission d'arbitrage : formation et désignation des arbitres,
  - commission de discipline : sanctionnant les fautifs,
  - commission règlement : adaptant les textes aux problèmes fédéraux,
  - commission de surveillance des opérations électorales,
  - commission des finances, Ligue Nationale de Rugby (sport professionnel), promotion, formation...

1.2. Missions : Dans le cadre de la délégation de pouvoir, la FF de Rugby développe, organise, réglemente, contrôle le Rugby à XV sur tout le territoire national. Elle assure le pouvoir disciplinaire, délivre les titres et les diplômes et procède aux sélections des joueurs représentant la France aux compétitions internationales.

2. La Ligue (Comité Régional) : c'est un organe déconcentré de la Fédération ayant reçu de celle-ci une sub-délégation de pouvoir sur un territoire épousant le découpage administratif des Régions.

(reprendre organisation et missions de la Fédération en l'adaptant à l'échelon local, ex. : l'AG de la Ligue du Centre de Rugby est constituée des représentants de tous les clubs de la Région « Centre ».)

3. Le Comité Départemental : reprendre, comme pour la ligue, les missions et l'organisation fédérale appliquées au département ; ex. : les compétitions pour les « écoles de Rugby ».

4. Les relations du club avec les structures fédérales :

4.1. Affiliation-licences : Elles peuvent être différentes suivant les Fédérations ; en Rugby, les clubs :

- s'affilient et font enregistrer les licences par le Comité Régional (ou Ligue),
- paient affiliation, licences à la Fédération.

4.2. Engagement en compétition-arbitrage : Ils se font avec la structure gérant le championnat dans lequel sont engagées les équipes du club (droits d'engagement, d'arbitrage, conclusions de matches).

4.3. Formation:

- Les diplômes de l'encadrement :
  - bénévoles : 3 niveaux
    - éducateur « École de rugby »,
    - entraîneur jeunes (moins de 15 et moins de 17 ans)
    - entraîneur seniors

  Ces diplômes peuvent être des pré-requis pour passer des diplômes d'État.
  - salariés : BPJEPS spécialité « sports collectifs » option rugby,
    DEJEPS « perfectionnement » « performance sportive » spécialité rugby.

4.4. Détection : Les clubs envoient leurs meilleurs jeunes pour former les sélections départementales, régionales, voire « Groupe France ».

4.5. AG : Les clubs participent directement aux AG de la Fédération, de la Ligue et du Comité Départemental et peuvent avoir des élus aux trois échelons administratifs.

mots-clés de la RÉPONSE

**FÉDÉRATION – AGRÉMENT – MISSION DE SERVICE PUBLIC
DÉLÉGATION DE POUVOIR – AG – COMITÉ DIRECTEUR
PRÉSIDENT – LIGUE – COMITÉ DÉPARTEMENTAL – AFFILIATION
LICENCE – COMPÉTITION – FORMATION**

QUESTION 58

Au cours d'une formation fédérale, vous êtes amené à faire un exposé sur le système olympique. Après avoir défini l'organisation et les missions de cette structure, décrivez ses relations avec le club sportif.

mots-clés de la QUESTION

SYSTÈME OLYMPIQUE - ORGANISATION - MISSIONS - RELATIONS AVEC LE CLUB

Le candidat fait référence à des connaissances sur le mouvement sportif et, notamment, le système olympique.

1. Le Comité National Olympique et Sportif Français (CNOSF) :

1.1. Organisation :

Le CNOSF est une association d'associations (les Fédérations françaises). Il est organisé comme elles :

– pouvoir législatif et de contrôle : l'AG

Elle comprend 4 collèges :

- Fédérations unisport olympiques,
- Fédérations unisport non olympiques,
- Fédérations multisports ou affinitaires,
- Fédérations scolaires et universitaires,

qui élisent des représentants pour former le Conseil d'administration. Le Président (M. Massiglia) est élu par l'AG sur proposition du CA.

1.2. Missions :

Historiquement, le CNOSF est formé de 2 structures ayant fusionnées :

– le Comité Olympique Français

d'où les missions olympiques

- représente le CIO en France,
- engage les athlètes et dirige la délégation française aux Jeux olympiques,
- est garant des règles déontologiques du sport,
- est propriétaire des emblèmes olympiques nationaux et dépositaire de la devise des hymnes, symboles et termes « J.O. » et « olympiade ».

– le Comité National des sports

d'où un rôle de représentation du mouvement sportif notamment :

- dans les commissions (sport de haut niveau, sécurité des enceintes sportives, enseignement des APS, CNDS, CNAPS,
- dans un rôle de conciliation pour essayer de résoudre, au plus vite et à un moindre coût, les litiges naissant entre n'importe quel participant du mouvement sportif, du licencié aux fédérations.

2. Le Comité Régional Olympique et Sportif (CROS) :

Il représente le CNOSF dans chaque région et est constitué des ligues sportives. Il a donc les mêmes missions :

- respect de la déontologie sportive,
- représentation du mouvement sportif : commission régionale CNDS, partenaire privilégié du Conseil Régional et de la DRJCCS,
- formation de dirigeants,
- promotion des sportifs au plan local.

3. Le Comité Départemental Olympique et Sportif (CDOS) :

C'est l'antenne départementale du CNOSF ; elle regroupe les Comités Départementaux et les clubs des disciplines n'en ayant pas. Ses missions principales sont :

- promotion du sport
  ex. : manifestation pour récompenser sportifs et dirigeants méritants,
- représentation notamment auprès du Conseil Général et de la DDCS ou DDCSPP,
- formation et information des dirigeants, CRIB (Centre de Ressources
et d'Informations du Bénévole).

4. Relations avec le club :

C'est une liaison indirecte puisque c'est le Comité Départemental de la discipline qui s'affilie mais le club peut bénéficier de :

- formations de dirigeants organisées par les CROS ou les CDOS,
- conseils dans l'administration et la gestion des clubs auprès des CDOS
  ex. : demande de subvention (à qui, comment...),
- aides et soutien pour la réalisation d'un projet grâce aux démarches du CDOS auprès des partenaires locaux et à sa caution morale.

mots-clés de la RÉPONSE

C.N.O.S.F. – OLYMPISME – REPRÉSENTATION – CONCILIATION, CROS – CDOS – FORMATION DE DIRIGEANTS

QUESTION 59

À partir de l'exemple d'une discipline, exposez la composition, l'organisation, le fonctionnement d'un Comité Départemental ? Quels sont ses partenaires privilégiés et ses moyens de fonctionnement ?

mots-clés de la QUESTION

COMITÉ DÉPARTEMENTAL – COMPOSITION – FONCTIONNEMENT PARTENAIRES – MOYENS DE FONCTIONNEMENT

Le candidat utilise des connaissances sur le système fédéral, les collectivités territoriales, le MS, les aides aux AS et son expérience de licencié dans une discipline sportive.

1. Composition d'un Comité Départemental :

C'est une association (loi de 1901) regroupant tous les clubs d'une discipline sur le territoire d'un département. Ses statuts et règlements disciplinaires sont les mêmes que ceux de la Fédération, adaptés localement.

1.1. Une AG :

- comprenant toutes les AS affiliées ayant un nombre de voix en fonction du nombre de licenciés ;
- ayant un pouvoir de contrôle, de propositions (approbation des bilans, vote des projets, des budgets) ;
- ayant un pouvoir « législatif » (modification des statuts, règlements) ;
- élisant le Comité Directeur et le Président tous les 4 ans (année olympique).

1.2. Un Comité Directeur :

- élisant le Bureau Directeur (sauf le Président) ;
- contrôlant l'action du Bureau ;
- établissant des bilans sur un rythme trimestriel au moins.

1.3. Un Bureau Directeur :

- comprenant Président, Vice(s)-Président(s), trésorier, secrétaire et adjoints ;
- gère les affaires courantes ;
- met en place les projets et les actions décidées en AG.

1.4. Des commissions : composées d'un ou de plusieurs élus du Comité Directeur, elles font appel aux compétences de tous licenciés volontaires désignés ou élus en AG. ex. :

- commission sportive (calendrier, classement),
- commission règlements et litiges : déterminant les conditions d'engagement, de qualification des compétitions,
- commission d'arbitrage : formation et désignation des arbitres,
- commission de discipline,
- commission technique : chargée de la détection, la formation du jeune joueur, et des sélections départementales,
- commission formation (diplômes fédéraux),
- commission des finances : faisant un suivi régulier et conseillant Président et Trésorier.

2. Missions :

Ce sont celles de la Fédération, sub-déléguées à l'échelon du département, soit :

- développement de la discipline (promotion, création de clubs...),
- organisation des compétitions départementales,
- formation de l'encadrement bénévole,
- formation et détection des jeunes sportifs,
- délivrance des titres départementaux.

3. Principaux partenaires : étant donné le territoire de ses compétences, le Comité Départemental a pour principaux partenaires :

3.1. Le Conseil Général : sensibles au développement des pratiques sportives, les élus subventionnent souvent les Comités Départementaux pour leur fonctionnement ou des projets.

3.2. La DDCS ou DDCSPP : partenaire et tutelle, la DDCS ou DDCSPP peut :

- subventionner le Comité (CNDS, plan « Sport emploi »),
- mettre à disposition du personnel : conseillers techniques et conseillers sportifs pour des actions ponctuelles.

3.3. Le système fédéral : en liaison étroite avec la Fédération dont dépendent ses pouvoirs, le Comité Départemental est l'intermédiaire entre les clubs, la Fédération et la Ligue.
Ses projets doivent être en concordance avec les plans quadriennaux fédéraux et régionaux.
Il peut être aidé ainsi dans le financement de postes de « conseillers techniques fédéraux » ou d'agents de développement.

3.4. Le système olympique : affilié à un C.D.O.S., le Comité Départemental participe aux actions menées par celui-ci.

4. Moyens de fonctionnement :

4.1. Moyens financiers : sont traditionnellement

- la part départementale du coût de la licence,
- les droits d'engagement en compétition,
- les droits d'arbitrage,
- la participation des sportifs et des clubs aux frais de stages organisés,
- les amendes,
- les subventions,
- le produit de manifestations.

4.2. Moyens humains : ce sont tous les bénévoles élus ou membres des commissions avec quelquefois des personnels d'État (CTS) ou salariés (secrétariat, conseillers techniques fédéraux).

4.3. Moyens matériels : les sports les plus « riches » (football, tennis) sont souvent propriétaires de locaux de réunion et de secrétariat. Les autres bénéficient fréquemment de mise à disposition gratuite de ces locaux par des collectivités territoriales (maison des Comités, maison des Sports...).

mots-clés de la RÉPONSE

AG – COMITÉ DIRECTEUR – COMMISSIONS – ORGANISATION DE LA DISCIPLINE – CONSEIL GÉNÉRAL – DDCS OU DDCSPP – COTISATIONS – SUBVENTIONS – CADRES TECHNIQUES

QUESTION 60

La saison débute et vous conseillez les participants au premier entraînement. Après avoir donné une définition de la licence, les droits et obligations du licencié, décrivez votre organisation pour perdre le moins de temps possible dans les formalités administratives indispensables.

mots-clés de la QUESTION

LICENCE – DÉFINITION – DROITS – OBLIGATIONS
FORMALITÉS – ORGANISATION

Le candidat se sert de connaissances sur la licence sportive, le contrôle médical et de son expérience de sportif. Un exemple précis de discipline doit être donné car toutes les Fédérations n'ont pas les mêmes exigences et ne délivrent pas les mêmes types de licence.

1. Définition :

C'est l'acte par lequel une Fédération accorde le droit de participer aux activités sportives qu'elle organise et à son fonctionnement, dans les conditions prévues statutairement. Elle ne peut être ni vendue, ni donnée à un autre sportif.

2. Les obligations :

2.1. Pièces à fournir :

- **bulletin d'adhésion à l'AS ;**
- **photocopie de la carte d'identité ou du livret de famille (mineurs) pour la demande d'une première licence éventuellement ;**
- **une cotisation ;**
- **une autorisation parentale pour les mineurs ;**
- **un certificat médical de non contre-indication à la pratique du sport considéré (certaines Fédérations délivre la licence mais elle n'est valable que si la licence comporte la mention « certificat médical : oui » ; sinon, le sportif doit présenter un certificat médical datant de moins d'un an avec sa licence, exemple : FF de Tir à l'arc) ;**
- **une (ou plusieurs) photo (certaines licences fédérales ne présentent pas de photo du titulaire, le sportif doit présenter une pièce d'identité ou un « passeport »).**

2.2. Engagement du sportif :

Même s'il n'en est pas toujours conscient, un licencié s'engage à respecter :

- **la législation sur le sport (Code du sport) ;**
- **la déontologie sportive ;**
- **statuts, règlements généraux de sa Fédération ;**
- **les règles de la discipline ;**
- **statuts et règlement du club (sauf dans le cas de licence délivrée à un « indépendant »).**

3. Les droits :

La licence permet (suivant le type délivré) :

- **de participer aux compétitions organisées par ou sous l'égide de la Fédération ;**
- **de devenir dirigeant et élu fédéral ;**
- **de participer à des stages de formation, de perfectionnement ;**
- **d'obtenir des diplômes fédéraux, des grades ou des niveaux.**

Souvent sont incluses, dans le coût de la licence, des cotisations de contrat d'assurance (responsabilité civile, individuelle accident) voir CISEJ n°68.

4. Organisation du début de saison :

(Suivant la discipline choisie – sport individuel, sport collectif – l'âge des sortifs, les solutions peuvent varier.)

4.1. Le tract :

Distribué aux sportifs, il indique les pièces nécessaires, celles que l'on doit renseigner ou faire renseigner par les parents, et, surtout la date avant laquelle le dossier doit être remis au club, complet (ceci peut être fait avant le premier entraînement).

4.2. La visite médicale :

- **soit organisée par le club dans un centre médico-sportif, les sportifs sont alors convoqués (date, horaire, lieu) ;**
- **soit un modèle de certificat est fourni à l'adhérent (ou sa licence) qu'il devra faire signer par son médecin de famille.**

4.3. Autres solutions :

En sports collectifs, ces formalités peuvent être effectuées dès la fin de saison (juin) pour tous ceux qui font renouveler leur licence.

mots-clés de la RÉPONSE

COTISATION – AUTORISATION PARENTALE – VISITE MÉDICALE
FICHE DE RENSEIGNEMENTS

QUESTION 61

Actuellement animateur bénévole dans une association sportive, vous désirez parfaire votre formation. Après avoir comparé les diplômes fédéraux et les diplômes d'État, quel choix faites-vous ? Pourquoi ?

mots-clés de la QUESTION

ANIMATEUR – COMPARAISON
DIPLÔMES FÉDÉRAUX ET D'ÉTAT – CHOIX

Le candidat se reporte à des connaissances portant sur la réglementation de la profession d'éducateur sportif, le système fédéral. Il est indispensable de prendre l'exemple d'une discipline (dans le cas présent : le tir à l'arc).

1. Comparaison :

Diplômes d'État	Diplôme Fédéral
Les diplômes	
• BPJEPS avec certificat de spécialisation « Tir à l'arc ». • BEES 1er Tir à l'arc remplacé par le DEJEPS perfectionnement sportif : « Tir à l'arc ». • BEES 2e remplacé par le DESJEPS performance sportive. • Le BEES 3.	• entraîneur 1 • entraîneur 2
Formation	
• BP, DE et DES sous forme d'unités capitalisables, • BEES 1 et 2 avec « partie commune » et « partie spécifique »	• stage • examen
Délivré par	
État	FFTA
Organisé par	
État (DRJSCS, CREPS, EN)	FFTA (Comités, Ligues)
Jury formé de	
personnel MS, CTS, cadres et bénévoles sportifs	élus, ETR, CTS

Inscription	
• certificat médical, • PSC1, • 18 ans.	• licence, • pré-requis, • convention avec le club, • 16 ans et 18 ans à la date de l'examen.
Qualification	
<u>encadrement rémunéré</u> • BPJEPS : animation, initiation, découverte. • BE1 et DEJEPS entraînement en plus. • BE2 et DESJEPS entraînement de « bon niveau », formation de cadres, gestion. • BE3 et DEJEPS entraînement haut niveau.	<u>encadrement bénévole</u> au sein des clubs ou dans le cadre de leurs actions : – entraîneur : de la découverte aux premières compétitions. – entraîneur 2 : recherche de performances. <u>encadrement rémunéré</u> animateur-été diplôme délivré jusqu'au 07/2007, permet la rémunération sous certaines conditions : – animation uniquement, – des congés scolaires de printemps à ceux d'été, – avec des groupes limités et des rèles de sécurité définies, – validité à durée limitée (3 ans) il est remplacé par le « Certificat de qualification professionnelle » (CQP) Tir à l'arc, délivré par la branche professionnelle.

2. Le choix :

2.1. Loisir et bénévolat :

Les diplômes fédéraux suffisent puisqu'ils ont été créés pour améliorer l'encadrement bénévole. Mais rien n'empêche un bénévole de rechercher plus de qualification pour être plus efficace, cela nécessite alors un investissement en temps et en argent plus important. Il bénéficie d'allégement de formation et peut solliciter une VAE.

2.2. Petit travail d'appoint :

Le diplôme d'animateur « été » et le CQP maintenant permettent à un jeune étudiant (ou tout autre) de travailler une partie de l'année.

2.3. Un métier :

Un diplôme délivré par l'État est alors indispensable.

mots-clés de la RÉPONSE

BE À 3 DEGRÉS – TRONC COMMUN – SPÉCIFIQUE
DIPLÔMES FÉDÉRAUX – INITIATION – ANIMATION
ENTRAÎNEMENT – RÉMUNÉRATION – LISTE D'HOMOLOGATION

QUESTION 62

L'encadrement technique des APS au sein du système fédéral et des collectivités territoriales nécessite un personnel qualifié et en nombre. Quelles sont les qualifications, les statuts et les missions de ces cadres ?

mots-clés de la QUESTION

ENCADREMENT TECHNIQUE - SYSTÈME FÉDÉRAL - COLLECTIVITÉS TERRITORIALES - QUALIFICATION - STATUTS - MISSIONS

Le candidat fait référence à des connaissances sur la réglementation de la profession d'éducateur sportif, le système fédéral, le MS et les collectivités territoriales. L'exemple d'une discipline est indispensable (ici le handball).

1. L'encadrement du système fédéral :

1.1. Les bénévoles :

Ils peuvent n'avoir que leur expérience de joueurs mais Comités départementaux et Ligues proposent des formations pour améliorer l'encadrement.

9 qualifications en regard – du niveau
– des publics encadrés

niveau d'encadrement \ public	-12 ans	-16 ans	adultes
débutant	animateur	animateur jeunes	animateur adultes
confirmé	éducateur	éducateur jeunes	entraîneur
expert	formateur	formateur jeunes	entraîneur niveau national

1.2. Les salariés :

Pour être rémunéré, la qualification minimale est le BPJEPS spécialité « sports collectifs » avec la mention « handball » (UC8). Mais ce diplôme ne permet que l'animation. Le BEES 1 option handball (ou diplôme équivalent ou supérieur) permet d'être l'employé d'un club, d'un comité départemental et d'être en charge de :

- **l'entraînement de jeunes ou d'adultes ;**
- **la formation des bénévoles ;**
- **la formation du joueur (section sportive) ;**
- **la promotion de l'activité en menant des actions pour recruter de nouveaux adhérents ou aider à la création de clubs.**

1.3. Les cadres d'État :

Ce sont des fonctionnaires du MS, exerçant les fonctions de conseiller technique mis à disposition du mouvement sportif.

– Les Directeurs Techniques Nationaux (DTN) :

Ils sont chargés de la mise en place de la politique sportive décidée par les élus fédéraux dans les domaines du haut niveau, des formations et de la promotion.

– Les Entraîneurs Nationaux :

Ils sont chargés de la détection et de l'entraînement des équipes de France et de certains pôles.

– Les Conseillers Techniques Régionaux (CTR) ou Départementaux (CTD) :

Généralement titulaires du BEES 2e degré, ils sont principalement chargés du perfectionnement et de la détection des jeunes, de la formation des cadres auprès d'une Ligue mais aussi du développement territorial de la discipline.

2. L'encadrement au sein des collectivités territoriales :

2.1. La filière territoriale des APS :

– Les opérateurs territoriaux des APS :

Ce sont des fonctionnaires, recrutés par voie de concours, avec une qualification professionnelle de niveau 5 (CAP, BEP).
Ils ne peuvent être chargés de l'enseignement des APS mais, seulement, de la gestion de la sécurité des pratiquants.

– Les éducateurs territoriaux des APS :

Fonctionnaires recrutés par concours exigeant pour s'y présenter soit le Baccalauréat, soit un BEES., ils peuvent animer, initier tous publics et ils sont polyvalents comme les professeurs d'EPS (éducation physique et sportive).
Ils interviennent dans les écoles municipales de sports, dans les écoles (après agrément de l'Inspecteur d'académie), dans les animations hors temps scolaires mises en place par les communes et, dans les clubs, par mise à disposition de personnel éventuellement.

– Les conseillers territoriaux des APS :

N'intervenant pas directement auprès du public, ils sont coordonnateurs et responsables d'un « Service des sports ».

2.2. Auxiliaires et contractuels :

Ce sont des agents titulaires d'un BEES recrutés par contrat à durée déterminée pour assurer les mêmes tâches qu'un éducateur territorial mais uniquement dans leur spécialité, ex. : emploi saisonnier en natation.

Ces emplois tendent à disparaître avec la mise en place de la « filière territoriale » (titularisation par voie de concours).

NB : la nouvelle architecture des diplômes a créée de nouvelles qualifications qui tendent à remplacer progressivement les classiques BEES 1 - 2 - 3, à savoir :

- BPJEPS –>BEES 1 (niveau IV),
- DEJEPS –>(niveau III),
- DESJEPS –>BEES 2 (niveau II).

mots-clés de la RÉPONSE

BÉNÉVOLES – DIPLÔMES FÉDÉRAUX – BREVET D'ÉTAT – CADRES TECHNIQUES DU MS – FILIÈRE TERRITORIALE

QUESTION 63

Vous allez exercer la profession d'éducateur sportif. Après avoir exposé les caractéristiques des statuts de salarié et de travailleur indépendant, précisez les éléments qui orienteraient votre choix vers l'un ou l'autre de ces statuts.

mots-clés de la QUESTION

PROFESSION – ÉDUCATEUR SPORTIF – SALARIÉ TRAVAILLEUR INDÉPENDANT – CHOIX

Le candidat utilise des connaissances portant sur les conditions d'exercice de la profession d'éducateur sportif et, notamment, dans sa discipline (exemple choisi : le tennis) ainsi que sur les obligations sociales et fiscales.

1. Le salarié :

1.1. Définition :

Le statut de salarié est conditionné par :

- **une rémunération en échange d'un service ;**
- **un lien de subordination entre le commanditaire et l'exécutant (ordres, contrôle) même si pour un éducateur sportif, il y a toujours « liberté » pédagogique.**

1.2. Le contrat de travail :

- **à durée indéterminée :**

Il doit prévoir les conditions de travail (horaire, congés, rémunération, promotion, indemnités, période d'essai, description de la tâche) sans jamais être en contradiction avec la législation sur le travail (SMIC, 35 heures hebdomadaires maximum...).

En l'absence de contrat signé, la jurisprudence montre que l'employé sera toujours considéré comme recruté « à durée indéterminée ».

- **à durée déterminée :**

Outre les conditions du précédent contrat, celui-ci prévoit la durée. Ce type de contrat peut être renouvelé mais il est soumis à des conditions particulières justifiant sa durée (remplacement d'un salarié défaillant, activité saisonnière ou momentanément en augmentation...).

- **à temps partiel :**

Le salarié est embauché pour une durée hebdomadaire inférieure au maximum légal (mi-temps, 17 h 30).

- **intermittent :**

Ce type de contrat permet à l'employeur de résoudre les problèmes de fluctuation d'activités. L'employé reçoit une rémunération régulière. Il ne peut excéder 1250 heures de travail réparties sur 36 semaines maximum.

Ces types de contrat peuvent se combiner, ex. : contrat à durée indéterminée intermittent.

1.3. Convention collective des métiers du Sport :

Une convention collective est un accord privé signé entre employeurs et salariés. Le champ est défini géographiquement et en terme d'activité principale de l'employeur. Cette convention ne peut remettre en cause le contenu du Code du Travail. Elle est, en général, plus favorable aux salariés et mieux adaptée aux activités professionnelles visées.

Il peut ensuite y avoir une « extension par le Ministre du Travail » ; la convention devient alors applicable à tous les partenaires sociaux relevant du champ professionnel concerné. La Convention Collective Nationale du Sport est actuellement applicable (deux existaient déjà : les métiers du Golf et de l'Équitation).

2. Le travailleur indépendant :

Il maîtrise toutes les contraintes de son travail (horaire, matériel, installation) et traite directement avec le client.

3. Les différences :

Elles proviennent surtout des conditions fiscales et sociales qu'entraînent ces deux statuts.

Le salarié perçoit une rémunération sur laquelle ont été prélevées les cotisations sociales dues par l'employeur et lui-même.

Le travailleur indépendant cotise lui-même et seul, dans d'autres conditions.

Le salarié a son salaire diminué des impôts sociaux (contribution sociale généralisée CSG, remboursement de la dette sociale RDS) et, chaque année, paie l'impôt sur le revenu.

Le travailleur indépendant est soumis aux mêmes impôts mais sur le chiffre d'affaires après déduction de frais professionnels et dans d'autres conditions.

4. Choix par rapport à la discipline :

4.1. Possibilités d'investissement importantes :

Si l'éducateur sportif peut financer lui-même l'achat, l'aménagement ou la location de terrains, le statut d'indépendant paraît plus judicieux dans la mesure où il y a autonomie et intéressement aux résultats.

4.2. Cas le plus fréquent :

Le contrat à durée indéterminée intermittent permet de faire face à une alternance régulière ou non de périodes travaillées et de périodes non travaillées. Il donne au salarié une garantie d'emploi et une rémunération régulière. Celui-ci peut, en outre, exercer une activité libérale ou signer un CDD pendant les périodes non travaillées.

mots-clés de la RÉPONSE

CONTRAT À DURÉE DÉTERMINÉE OU NON – TEMPS PARTIEL
INTERMITTENT – RÉMUNÉRATION – SUBORDINATION
IMPÔTS ET COTISATIONS SOCIALES

QUESTION 64

Vous allez exercer la profession d'éducateur sportif. Quelles seront les obligations administratives, sociales et fiscales liées à l'exercice de ce métier ?

mots-clés de la QUESTION

ÉDUCATEUR SPORTIF – OBLIGATIONS ADMINISTRATIVES, SOCIALES ET FISCALES

Le candidat se sert de connaissances sur la réglementation de la profession d'éducateur sportif, les obligations sociales et fiscales de l'AS et les conditions d'exercice du métier.

1. Obligations administratives :

1.1. Déclaration au Préfet :

L'éducateur sportif rémunéré a une obligation de déclaration à la DDCS ou DDCSPP du lieu d'exercice Celle-ci vérifie auprès du casier judiciaire national, si l'éducateur satisfait aux conditions de moralité.

1.2. Dossier :

L'éducateur doit fournir :

- **un imprimé renseigné (état civil, lieu d'exercice et disciplines enseignées) ;**
- **une copie de son ou ses diplômes.**

Il reçoit une carte professionnelle et renouvelle la demande tous les cinq ans.

1.3. Contrôle médical :

À tout contrôle, il doit pouvoir présenter un certificat médical de non contre-indication à la pratique et à l'enseignement de sa ou ses disciplines, datant de moins d'un an.

2. Obligations fiscales :

2.1. Le salarié :

Il reçoit un salaire sur lequel est prélevé :

- **CSG ;**
- **RDS.**

Il déclare chaque année le montant de ses revenus imposables.

2.2. Le travailleur indépendant :

Il paie les mêmes impôts mais déclaration et calculs sont différents. Il peut déduire ses frais professionnels avant de déclarer son chiffre d'affaires.

3. Obligations sociales :

3.1. Le salarié :

Il reçoit chaque mois un bulletin de salaire sur lequel figure les prélèvements faits au titre de ces cotisations :

PART	SALARIALE	PATRONALE
URSSAF		
Cotisations		
– vieillesse	oui	oui
– maladie	oui	oui
– accident de travail	…	oui
– allocations familiales	…	oui
ASSEDIC		
assurance chômage	oui	oui
CAISSE DE RETRAITE COMP.	oui	oui
CAISSE DE PRÉVOYANCE	oui	oui

3.2. L'employé occasionnel :

Pour un éducateur sportif qui n'assurerait que quelques heures d'entraînement ou d'enseignement (moins de 1002 € par mois en 2009) et si employeur et employé sont d'accord, les cotisations peuvent être calculées sur une base forfaitaire. Les cotisations URSSAF sont alors moins élevées.

3.3. Coût d'un emploi :

Si un éducateur sportif perçoit un salaire net mensuel de 1200 €, on peut estimer à 1/4 (300 €) les prélèvements effectués sur le salaire brut et à 1/2 la part patronale (600 €) : total 2 100 € ;

3.4. Le travailleur indépendant :

Il cotise mais dans des conditions particulières étant lui-même son propre employeur.

mots-clés de la RÉPONSE

DÉCLARATION DDCS OU DDCSPP – CERTIFICAT MÉDICAL – URSSAF ASSEDIC – CSG – RDS – IMPÔTS SUR LE REVENU – SALARIÉ PROFESSION LIBÉRALE

ASSOCIATION SPORTIVE ET OBLIG

OPÉRATIONS	OBLIGATIONS	CONDITIONS
IMMOBILIER	• taxe foncière	propriétaire
	• taxe d'habitation	usager : propriétaire ou locataire
PERSONNEL	• fiscales	• taxe sur les salaires
		• formation professionnelle continue • apprentissage • participation à l'effort de construction • RDS • CSG
	• sociales	• URSSAF logement E accident de travail E allocation familiale E transport E maladie ES vieillesse ES • ASSEDIC ES • Caisse de retraite complémentaire ES • Caisse de prévoyance ES E : cotisations à charge de l'employeur S : cotisation à charge du salarié
MANIFESTATION et SERVICES	• TVA	Toutes opérations de caractère commercial
	• Impôts sur les spectacles	Impôt communal

NS FISCALES ET SOCIALES (AU 01/01/2009)

	DISPOSITIONS PARTICULIÈRES
	EXONÉRATION : locaux où le public a accès
	EXONÉRATION : bénévoles ------- frais ABATTEMENT : 5 890 €
	Taux variable : moins ou plus de 20 salariés EXONÉRATION : moins de 10 salariés prélèvement direct sur le salaire de l'employé
	POUR LES ASSOCIATIONS SPORTIVES AGRÉÉES : • Pour les sportifs, guichetiers, il y a exonération pour 5 primes/mois ne dépassant pas 104 € ; si plus voir ci-dessous. • Comme pour les éducateurs sportifs et entraîneurs, c'est une assiette forfaitaire ; ex. : rémunération mensuelle inférieure à 300 €, assiette = 41 €. • Au-dessus de 1002 €/mois, assiette sur salaire réel.
	EXONÉRATION POUR LES ASSOCIATIONS À GESTION DÉMOCRATIQUE, TRANSPARENTE ET DÉSINTÉRESSÉE • prestation de service à caractère social, culturel, éducatif ou sportif rendue à ses membres • ventes aux adhérents d'objets (limite 10 % des recettes de l'AS) • manifestations au profit d'une association à caractère social ou philanthropique • 6 manifestations de soutien par an
	EXONÉRATION • totale Liste de sports arrêtée par le MS : 40 disciplines • décision du Conseil Municipal

QUESTION 65

Vous désirez créer un établissement où seront enseignées des APS contre rémunération. Exposez les démarches administratives et les dispositions à prendre pour pouvoir l'ouvrir au public.

mots-clés de la QUESTION

ÉTABLISSEMENT – ENSEIGNEMENT DES APS CONTRE RÉMUNÉRATION DÉMARCHES ADMINISTRATIVES – DISPOSITIONS

Le candidat se reporte à des connaissances portant sur la réglementation de la profession d'éducateur sportif et sur l'assurance.

1. Déclaration administrative :

Faite 2 mois avant l'ouverture (le service instructeur est la DDCS ou DDCSPP où est implanté l'établissement), elle comprend :

- **une fiche de renseignements sur l'identité de l'exploitant, l'adresse, la forme juridique d'exploitation, les disciplines pratiquées, les enseignants ;**
- **une copie de la déclaration des éducateurs sportifs.**

S'adressant au Casier Judiciaire National, la DDCS ou DDCSPP vérifie que l'exploitant ou le représentant légal de la personne morale exploitante (association, société...) n'a pas eu de condamnation lui interdisant la gestion d'un tel établissement.

2. Hygiène et sécurité :

Si des constructions sont utilisées, elles devront être conformes aux règles générales d'hygiène et de sécurité des locaux accueillant du public (responsables : les services de la Direction de l'Action Sanitaire et Sociale et de la Protection Civile).

Mais en plus, selon les disciplines pratiquées, certaines normes spécifiques sont à respecter. Exemple : le judo, le ball-trap.

Le service instructeur est la DDCS ou DDCSPP .

L'établissement devra disposer d'une trousse de premiers secours et d'un moyen de communication (téléphone).

3. Affichage :

L'exploitant est tenu d'afficher :

- **un tableau d'organisation des secours (adresse, téléphone des personnes ou organismes à prévenir en cas d'accident) ;**
- **les titres et diplômes des enseignants (ceux qui permettent l'enseignement contre rémunération) ;**
- **les textes définissant les règles d'hygiène, de sécurité et d'encadrement ;**
- **une attestation du contrat d'assurance (garantie responsabilité civile).**

4. Déclaration d'accident :

Après autorisation d'ouverture délivrée par le préfet, l'exploitant s'engage à déclarer tous accidents graves survenant dans son établissement ou lors des enseignements qui y sont dispensés.

mots-clés de la RÉPONSE

DÉCLARATION – DDJS – HYGIÈNE – SÉCURITÉ GÉNÉRALE ET SPÉCIFIQUE – TÉLÉPHONE – AFFICHAGE – ASSURANCE ACCIDENT GRAVE

QUESTION 66

Un sportif mineur vient d'être accidenté gravement dans votre département. Après avoir défini les responsabilités auxquelles s'expose un dirigeant, quels conseils donnerez-vous aux responsables de votre association (règlement, organisation, assurances)?

mots-clés de la QUESTION

RESPONSABILITÉS – DIRIGEANTS – RÈGLEMENT – ORGANISATION ASSURANCES – MINEUR

Le candidat se reporte à des connaissances sur association et responsabilités, assurances et sur le fonctionnement d'un club.

1. Responsabilités – définitions:

1.1. Responsabilité civile:

C'est l'obligation de réparation du tort causé à autrui. Elle pourrait donc être engagée:

- **par la personne morale (l'AS) du fait de ses préposés (ceux qui œuvrent pour l'association) et notamment un dirigeant;**
- **par des personnes physiques (les membres majeurs).**

1.2. Responsabilité pénale:

C'est une faute commise en infraction des règles (loi, code...). Elle entraîne une peine (amende, emprisonnement). Il y a punition (peine infâmante).

2. Dirigeants et responsabilités:

2.1. Responsabilité morale:

Il n'y a pas de jugement, si ce n'est celui de l'individu qui s'estime responsable de la bonne marche du club, des progrès des sportifs, remettant en cause ses choix, ses méthodes.

2.2. Responsabilité civile:

Le dirigeant pourrait engager ce type de responsabilité si:

- **par maladresse,**
- **par défaut d'organisation,**
- **par défaut d'information des adhérents (ou des parents des sociétaires mineurs),**

il s'ensuivait un dommage causé à une personne.

Si c'est l'AS qui, par faute d'un préposé, était civilement responsable, le Président ne serait que le représentant légal de l'association.

2.3. Responsabilité pénale:

Elle peut être engagée par tout dirigeant qui enfreint la loi et qui sera puni pour:

- **détournement de fonds à son profit;**
- **fraude fiscale;**
- **non paiement des cotisations sociales d'un salarié;**
- **coups et blessures volontaires, involontaires.**

3. Dispositions à prendre ou à vérifier :

Considérant que le cas évoqué dans la question relève surtout d'un problème de responsabilité civile, pour un accident fortuit, les dispositions suivantes seraient importantes puisque l'AS a l'obligation de tout mettre en œuvre pour éviter les accidents et en limiter les effets.

3.1. Règlement :

Il est prudent de prévoir dans le règlement intérieur et/ou de faire figurer sur les autorisations parentales les conditions de prise en charge des mineurs (jour, horaire, lieu, présence ou absence des responsables, conduites à tenir). Ceci pour satisfaire aux obligations d'information.

3.2. Assurances :

Le Code du sport sur les APS a rendu obligatoire le contrat « garantie responsabilité civile » couvrant l'AS, ses dirigeants, ses adhérents et même les bénévoles occasionnels non adhérents. Cela est donc à vérifier.

3.3. Organisation :

Il serait préférable de :

- **prévoir un dispositif pour pallier à l'absence imprévisible d'un animateur ou pour prévenir les adhérents ;**
- **s'assurer de la qualification, de l'expérience de l'encadrement ;**
- **vérifier (ou faire vérifier par les animateurs) que le matériel est en bon état, conforme aux normes et utilisé dans des conditions régulières (articles du règlement intérieur) ;**
- **s'assurer en cas de déplacements des mineurs que véhicules et chauffeurs sont « en bon état de marche ».**

mots-clés de la RÉPONSE

**RESPONSABILITÉS CIVILE ET PÉNALE – RÈGLEMENT INTÉRIEUR
DEVOIR D'INFORMATION – CONTRAT D'ASSURANCE – CONTRÔLE**

QUESTION 67

Éducateur sportif, vous êtes chargé de l'initiation d'un groupe d'enfants de 10 à 12 ans. Après avoir défini les différents types de responsabilité auxquels s'expose un animateur, quelles précautions prenez-vous pour éviter que ne soient engagées vos responsabilités ?

mots-clés de la QUESTION

MINEUR – RESPONSABILITÉS – ANIMATION – PRÉCAUTIONS

Le candidat fait référence à des connaissances sur association et responsabilités, association et assurances et utilise son expérience dans une discipline.

1. Définitions :

1.1. Responsabilité morale :

Tout éducateur se considère comme responsable de l'avenir et de l'éducation du jeune sportif et même du jeune homme futur. Ce n'est qu'un auto-jugement qui peut remettre en cause la pédagogie de l'animateur.

1.2. Responsabilité civile :

cf. 1.1. question CISEJ 66.

Elle peut être engagée :

- **soit sur une faute de service (imprudence, négligence, inobservation d'un règlement) ;**
- **soit sur une faute de tempérament (la gifle sous l'emprise de la colère).**

Lorsque des enfants sont confiés à un club, dirigeants et animateurs doivent mettre en œuvre tout ce qu'ils peuvent pour éviter un accident (obligation de sécurité - obligation de moyens).

1.3. Responsabilité pénale :

cf. 1.2. question CISEJ 66.

2. Précautions :

2.1. Éviter les causes possibles :

- **respecter les réglementations,**

  ex.: vérifier si les buts de handball sont bien fixés au sol ;
- **vérifier le matériel, les aires d'évolution avant utilisation (sol gelé, sol glissant...),**

  ex.: flaques d'eau sur le revêtement du sol d'un gymnase ;
- **assurer une surveillance effective (ne pas laisser les enfants seuls) ;**
- **proposer des situations pédagogiques dont le niveau d'exigence soit en rapport avec le niveau de compétence des enfants.**

2.2. Prévenir les effets :

- en cas d'accident, avoir prévu moyens d'appel et numéros de téléphone ;
- autorisation parentale avec numéro d'appel pour les prévenir et autorisation de « prendre toutes dispositions » en cas d'accident. Les documents accompagneront toujours l'éducateur sportif ;
- une garantie d'assurance « Responsabilité Civile » pour l'animateur (obligation, le Code du sport) ;
- un contrat identique pour les enfants avec, en plus, une information faite aux parents sur l'intérêt de souscrire une « garantie de personne » et les conditions de cette assurance.

mots-clés de la RÉPONSE

RESPONSABILITÉ MORALE, CIVILE ET PÉNALE FAUTE DE SERVICE – FAUTE DE TEMPÉRAMENT – INOBSERVATION D'UN RÈGLEMENT – NÉGLIGENCE – IMPRUDENCE – AUTORISATION PARENTALE – ASSURANCE

QUESTION 68

Responsable de l'initiation dans une association sportive, vous renseignez les parents qui vous confient leur enfant. En tenant compte de la réglementation concernant l'obligation d'assurance, comment leur présentez-vous ce qu'est la cotisation annuelle versée au club ?

mots-clés de la QUESTION

OBLIGATION D'ASSURANCE – COTISATION

Le candidat utilise des connaissances sur le fonctionnement de l'AS, association et assurance, la licence.

1. Obligations concernant l'assurance :

(cf. Code du sport articles L.321-1 à L.321-9)

1.1. Obligation de souscrire un contrat « garantie responsabilité civile » :

Les responsables des clubs doivent contracter une assurance couvrant la responsabilité civile de :

- **l'association (personne morale) ;**
- **ses adhérents ;**
- **ses dirigeants ;**
- **ses préposés (bénévoles ou non) c'est-à-dire tous les accompagnateurs ou animateurs même occasionnels.**

1.2. Obligation d'information :

Les responsables doivent conseiller à leurs adhérents de souscrire un contrat de personne (« individuelle accident ») pour être remboursés lors d'une blessure subie sans responsabilité de tiers engagée (risques inhérents à la pratique d'un sport).

2. Proposer des contrats :

Si un sociétaire (sans que l'on puisse lui imposer – libre concurrence entre les assureurs) désire un contrat de personne, les dirigeants doivent pouvoir lui en proposer un (assureur de la Fédération en général).

Ils doivent alors informer des conditions de ce contrat (taux d'indemnisation, forfait journalier, capital décès, prothèses assurées ou non…).

2. La cotisation versée au club :

Réclamée en début de saison sportive, cette somme comprend :

2.1. Le coût de la licence fédérale :

- **part fédérale (Fédération) ;**
- **part régionale (Ligue) ;**
- **part départementale (Comité) ;**
- **l'assurance (responsabilité civile obligatoire) et, éventuellement, sur option de l'adhérent un contrat « individuelle accident ».**

2.2. La part club :

Elle représente l'effort financier demandé aux sociétaires pour financer les activités de l'AS et qui, en fonction du budget présenté, est fixée en AG.

mots-clés de la RÉPONSE

ASSURANCE – CONTRATS « RESPONSABILITÉ CIVILE » ET « INDIVIDUELLE ACCIDENT » – OBLIGATIONS D'INFORMATION ET DE TENIR À DISPOSITION – COTISATION FÉDÉRALE ET AS

QUESTION 69

Vous êtes chargé de l'entraînement dans une AS. Suivant les diverses situations vous liant au club (entraîneur bénévole ou salarié, entraîneur et compétiteur), que ferez-vous pour vous assurer contre les risques encourus ?

mots-clés de la QUESTION

S'ASSURER – ENTRAÎNEUR – SALARIÉ – BÉNÉVOLE – COMPÉTITEUR

Le candidat se sert de connaissances sur association et assurances, association et responsabilités, obligations sociales de l'association.

1. Entraîneur rémunéré :

Il y a contrat (signé ou non, cf. question CISEJ 63) liant le club et l'entraîneur.

Comme préposé de l'association, les dirigeants doivent soucrire une assurance « garantie responsabilité civile » (cf. 1.1. CISEJ 68) couvrant l'éducateur salarié.

Comme employé (cf. 3.1. CISEJ 64), l'entraîneur est assuré par la cotisation URSSAF « accident de travail » incluant même les trajets pour se rendre sur les lieux d'exercice.

2. Entraîneur bénévole :

Pour les bénévoles, adhérents de l'association, leur cotisation comprend souvent le coût de la licence fédérale dont les contrats d'assurance « responsabilité civile » et « individuelle accident ».

Pour les bénévoles occasionnels, il serait judicieux, pour le club, de prendre en charge cette « individuelle accident » afin de ne pas mettre en difficulté des personnes qui sont nécessaires à la bonne marche des activités.

3. Le compétiteur :

Il y a les mêmes obligations que pour un entraîneur bénévole adhérent.

Dans le cas d'un entraîneur rémunéré, il conviendrait de satisfaire aux obligations d'assurance en tant que compétiteur car les deux activités sont indépendantes (sauf s'il était également sportif professionnel).

mots-clés de la RÉPONSE

OBLIGATIONS D'ASSURANCES – RESPONSABILITÉ CIVILE
INDIVIDUELLE ACCIDENT – COTISATION URSSAF
ACCIDENT DE TRAVAIL

QUESTION 70

Chargé de l'entraînement d'une trentaine d'enfants de 10 à 12 ans dans une association sportive, vous envisagez de leur faire passer une visite médicale en début de saison. Après avoir rappelé les principes du contrôle médical des sportifs, quelles solutions envisagez-vous ?

mots-clés de la QUESTION

MINEURS – VISITE MÉDICALE – CONTRÔLE MÉDICAL DES SPORTIFS SOLUTIONS

Le candidat fait référence à des connaissances sur le contrôle médical et les règlements généraux d'une Fédération sportive.

1. Principes généraux :

Le Code du sport, article L.231-2, impose un certificat de non-contre-indication à la pratique d'un sport pour que la Fédération puisse délivrer une première licence ou une licence ouvrant droit à la compétition. Certaines fédérations accordent la licence qui n'est validée qu'après la signature d'un médecin, au dos de celle-ci.

Pour un non-licencié désirant participer à une épreuve fédérale (qui lui serait ouverte) il doit produire un certificat médical.

Le contrôle médical :

- **est donc annuel (à chaque prise de licence ou un certificat médical datant de moins d'un an pour un non-licencié) ;**
- **peut être fait par tous docteurs en médecine ;**
- **présente des modalités déterminées par la Commission médicale fédérale qui définit également les règles de surclassement ;**
- **peut être imposé sur un rythme mensuel (suivi des athlètes de haut niveau), trimestriel (sections sportives ou double surclassement).**

2. Organisation :

ex. : Handball.

La saison débutant en septembre, il est possible d'organiser une visite médicale collective notamment s'il existe un Centre médico-sportif dans la commune :

- **établir la liste des enfants ;**
- **contacter le secrétariat du Centre médico-sportif ;**
- **retenir des plages horaires au moment des entraînements ou des rencontres (si le championnat n'est pas commencé) ;**
- **organiser un ordre de passage en prévoyant le transport avec parents et autres bénévoles ;**
- **prévenir les parents afin qu'ils fournissent le « Carnet de Santé » de l'enfant et, qu'en cas d'empêchement, ils se chargent eux-mêmes de faire passer cette visite chez le médecin de famille (tract pouvant être distribué en début de saison).**

Lorsque cela est possible, il est préférable de prévoir cette organisation au mois de juin (fin de saison handball) pour tous ceux qui renouvellent leur licence. En septembre, il n'y a plus alors que les nouveaux adhérents à soumettre à ce contrôle.

3. Le Centre Médico-Sportif (CMS) :

Ils sont souvent créés à l'instigation d'une municipalité ou d'un OMS. La gestion est confiée à une association (Loi 1901) ou à l'OMS. La municipalité met à disposition un secrétariat, des locaux et subventionne l'équipement et le fonctionnement notamment pour les vacations versées aux médecins.

Ces CMS peuvent être également subventionnés par l'État (CNDS).

Les familles et les clubs n'ont ainsi pas ou peu de frais à payer.

4. Le Médecin-Inspecteur Départemental Jeunesse et Sports :

Docteur en médecine, titulaire d'une spécialisation « médecine du sport », il est proposé par le Directeur Départemental JS.

Il a pour tâche de conseiller le DDCS ou DDCSPP, de faciliter le suivi médical des sportifs et notamment, les sections sportives et les athlètes de haut niveau.

mots-clés de la RÉPONSE

**CONTRÔLE MÉDICAL – OBLIGATION POUR LA COMPÉTITION
COMMISSION MÉDICALE FÉDÉRALE – CMS – MÉDECIN DE FAMILLE
MÉDECIN INSPECTEUR DÉPARTEMENTAL JS**

QUESTION 71

Actuellement les contrôles anti-dopage se multiplient. Ils peuvent même être effectués lors de compétitions de niveau modeste. Afin de prévenir et informer les sportifs dont vous avez la charge, comment présenterez-vous la lutte anti-dopage menée en France ?

mots-clés de la QUESTION

LUTTE ET CONTRÔLE ANTI-DOPAGE – INFORMATIONS

1. Le Code du sport : articles 232 et 241 :

1.1. Interdiction :

Il est interdit au sportif et à son entourage :

- **d'utiliser substances et procédés de nature à modifier artificiellement les capacités ou qui empêchent de détecter ceux-ci (liste officielle établie par les ministres chargés des Sports et de la Santé et proposée par l'AMA) ;**
- **de recourir à ceux de ces substances ou procédés dont l'utilisation est soumise à conditions médicales ;**
- **d'administrer ou d'inciter à l'usage de tels produits ou méthodes.**

Les animaux participant aux compétitions sportives sont soumis également à des contrôles.

1.2. Punition :

Le sportif fautif est suspendu par sa Fédération. L'AFLD peut également le faire (sanction administrative).

L'entourage du sportif (incitation, approvisionnement, administration) peut être condamné (amende, prison) d'autant plus sévèrement s'il agit en « bande organisée » ou si l'athlète est mineur.

1.3. Prévention :

Elle s'oriente dans 4 directions :

- **des campagnes d'information : « Sport propre », « dopage dégage » ;**
- **intégration de la lutte anti-dopage dans les programmes de formation de cadres et médecins sportifs ;**
- **un programme de recherche (cellule scientifique de l'AFLD, laboratoire agrée de Chatenay-Malabry) ;**
- **un suivi médical des athlètes de haut niveau (suivi longitudinal).**

1.4. L'Agence Française de Lutte contre le Dopage (A+FLD) :

Créé par la loi de 1999, c'est un organisme indépendant des pouvoirs publics et fédéraux, fonctionnant grâce aux crédits de l'État. Il a pour missions :

- **établir des bilans ;**
- **proposer des actions de prévention et d'information ;**

- **sanctionner des athlètes ;**
- **donner un avis sur tous textes législatifs ou réglementaires.**

Il est composé de 9 membres représentant à parité des personnes qualifiées dans les mondes de la justice, de la médecine et du sport.

2. Le contrôle anti-dopage :

Il peut être effectué, lors d'une compétition ou d'un entraînement, de manière inopinée.

Il est fait par un médecin-contrôleur de la Jeunesse et des sports assermenté et en présence d'un représentant fédéral (l'entraîneur de l'athlète par exemple).

Dans toute compétition d'une certaine importance, les organisateurs doivent prévoir un local pour le contrôle et flécher son emplacement.

Le médecin explique aux athlètes les procédures et attend que le sportif puisse se soumettre au prélèvement d'urine.

Celle-ci est ensuite répartie dans 2 flacons (analyse + contre-expertise éventuelle) en présence du sportif qui signe le procès-verbal établi par le médecin-contrôleur.

3. Conseils à tous sportifs :

Quel que soit le niveau, chacun peut être contrôlé. Afin d'éviter une suspension à un sportif plus maladroit que fraudeur, il faut :

- **en cas de prescription de médicaments, s'assurer que ce produit ne soit pas interdit aux sportifs (indications sur la notice de posologie) ;**
- **en cas de prises récentes de médicaments ou de traitement, le signaler au médecin préleveur lors de l'entretien ;**
- **en cas de consultation médicale, préciser au médecin que l'on pratique le sport de compétition, sinon, se munir de l'ordonnance pour les rencontres officielles, même après l'arrêt du traitement (temps d'élimination définitive de toutes traces des substances interdites) ; faire une demande d'AUT (Autorisation d'Urgence Thérapeutique) à l'AFLD.**
- **en cas d'utilisation frauduleuse de produits classés « stupéfiants », subir une cure de désintoxication mais surtout éviter de concourir en compétition.**

mots-clés de la RÉPONSE

LOI DE LUTTE CONTRE LE DOPAGE – PRODUITS ET MÉTHODES INTERDITS – PUNITIONS – COMMISSION NATIONALE
LE CONTRÔLE EN COMPÉTITION ET À L'ENTRAÎNEMENT
ORDONNANCE MÉDICALE

QUESTION 72

Responsable de l'entraînement de jeunes sportifs mineurs, vous recherchez quelques rencontres amicales avec d'autres AS. Après avoir rappelé l'organisation du sport scolaire et universitaire, quelles solutions et démarches envisagez-vous ?

mots-clés de la QUESTION

MINEURS – RENCONTRES AMICALES – SPORT SCOLAIRE ET UNIVERSITAIRE – SOLUTIONS

1. Le sport scolaire :

1.1. Pour les enfants de moins de 12 ans :

L'âge des enfants accueillis dans les clubs étant plutôt supérieur à 6 ans (âge de l'enseignement élémentaire) il est possible de trouver des AS au sein des écoles primaires.

Sans obligation, dans celles-ci, il peut être créé une AS à l'instigation des enseignants et des parents d'élèves.

Cette association (type loi 1901) peut s'affilier à l'Union Sportive de l'Enseignement du Premier degré (USEP), fédération de type « affinitaire » et multisport.

Cette fédération scolaire est organisée sur le modèle classique (cf. question CISEJ 57) avec seulement 2 échelons : Comité Départemental, Fédération.

Il existe un lien très étroit entre cette fédération et l'Éducation Nationale : enseignants mis à disposition pour assurer les fonctions de secrétaire des Comités départementaux.

Les activités sportives ont lieu le mercredi après-midi mais les rencontres peuvent se dérouler pendant le temps scolaire. Les professeurs d'écoles (instituteurs) sont bénévoles dans les actions hors temps scolaire.

Les activités de l'USEP sont orientées vers la découverte et l'initiation sportive.

1.2. Pour les jeunes (12-18 ans)

Dans les lycées et collèges, la création de l'AS est obligatoire. Le CA de ces associations comprend :

- **des membres de droit : principal ou proviseur et professeurs d'EPS ;**
- **des membres de la communauté éducative (parents, autres professeurs...) ;**
- **des élèves licenciés.**

Les activités ont lieu le mercredi après-midi et les professeurs d'EPS animent ces associations dans le cadre de leur service (3 heures forfaitaires).

Ces associations s'affilient à l'UNSS qui est organisée comme toutes fédérations, sur 3 niveaux : conseils départementaux, régionaux et nationaux dont les Directeurs sont des enseignants d'EPS mis à disposition et les présidents, de droit, les inspecteurs, recteurs d'académie et le Ministre de l'Éducation Nationale (MJENR).

2. Le sport universitaire :

Dans les universités et écoles de l'enseignement supérieur, des associations peuvent être créées. Après affiliation à la Fédération Française du Sport Universitaire (FFSU), les étudiants volontaires participent à des championnats.

3. Le sport dans l'enseignement libre :

Les écoles privées, d'obédience catholique, peuvent s'affilier à l'UNSS mais également à l'Union Générale du Sport dans l'Enseignement Libre (UGSEL). Cette fédération de type affinitaire organise des rencontres de l'école primaire à l'université.

4. Liaison avec les Fédérations dirigeantes :

Ces fédérations multisports passent fréquemment des conventions avec les Fédérations délégataires pour définir leurs relations et les compétitions particulières au Sport scolaire et universitaire.

Des commissions mixtes sont créées à l'échelon régional (ex. : l'UNSS).

5. Rencontres amicales :

Suivant l'âge des enfants confiés à l'éducateur sportif, il faut s'adresser :

- **au Directeur, aux professeurs d'école (6-12 ans) ;**
- **aux professeurs d'EPS (12-18 ans).**

S'il dispose d'installations, il peut conclure des rencontres hors temps scolaire, plutôt après la classe, puisque le mercredi après-midi est réservé aux compétitions.

mots-clés de la RÉPONSE

USEP – UNSS – FFSU – UGSEL – PROFESSEURS D'ÉCOLE PROFESSEURS D'EPS – AS SCOLAIRES

QUESTION 73

Lors d'une formation fédérale vous devez exposer l'organisation du sport de haut niveau en France. Présentez votre intervention.

mots-clés de la QUESTION

SPORT DE HAUT NIVEAU – ORGANISATION – PRÉSENTATION

L'organisation du sport de haut niveau est régie par les articles L.221 du Code du sport.

1. La Commission nationale du sport de haut niveau :

1.1. Composition (article R. 221-27) :

Elle comprend :

- **16 représentants de l'État ;**
- **10 représentants du CNOSF (dont le président) ;**
- **3 représentants des athlètes de haut niveau ;**
- **2 entraîneurs de haut niveau ;**
- **1 arbitre ou juge de haut niveau ;**
- **3 représentants des Collectivités territoriales.**

1.2. Missions :

Elle propose au Ministre chargé des Sports :

- **des critères pour reconnaître une discipline comme sport de haut niveau ;**
- **des critères de classification des athlètes, des arbitres et des entraîneurs ;**
- **des quotas pour chaque discipline ;**
- **l'inscription sur la liste des athlètes proposés par les DTN ;**
- **des critères de sélection des sportifs aux compétitions organisées sous la responsabilité du CIO.**

2. Les listes des sportifs et arbitres :

Quatre catégories bénéficient du label « Haut niveau » :

- **élite (finaliste mondial, Jeux Olympiques ou podium européen) ;**
- **seniors : membres des équipes de France ;**
- **jeunes : membres des équipes de France jeunes ;**
- **reconversion : sportif de la liste élite inscrit pendant quatre ans dont trois ans dans la liste senior, avec un projet d'insertion professionnelle.**

Deux autres catégories sont établies par le Ministre :

- **partenaires d'entraînement des équipes de France ;**
- **espoirs.**

3. Reconnaissance du statut d'athlète de haut niveau :

3.1. Les droits :

Cette reconnaissance permet à l'athlète, à l'arbitre, au juge ou à l'entraîneur :

- **de bénéficier d'aides personnalisées de l'État ;**
- **d'accéder aux structures d'entraînement et de formation : pôle « France », pôle « Jeunes », Institut National du Sport et de l'Éducation Physique (INSEP), Centre d'éducation populaire et de Sport (CREPS) financés par l'État ;**
- **de bénéficier d'aménagements d'études et d'examens, de dérogation pour certains concours ;**
- **de signer une convention d'insertion professionnelle avec une entreprise privée ou un organisme public ; ce qui lui permet d'avoir un emploi, à horaire annuellement aménagé, compatible avec sa carrière sportive, d'acquérir une qualification, de s'intégrer facilement à plein temps dans l'entreprise quand il cesse de participer à la haute compétition.**

Pour les 2 catégories (partenaires et espoirs), ce sont plutôt des listes de haut niveau régional qui permettent aux athlètes de rechercher des partenaires à l'échelon local (collectivités territoriales et entreprises).

3.2. Les devoirs :

Ils sont contenus dans la « Charte du sport de haut niveau », notamment : l'athlète s'engage à respecter la déontologie du sport et à refuser d'utiliser des moyens déloyaux pour gagner.

4. Structures locales d'accession au haut niveau :

• Le dispositif « sections sportives » permet aux établissements scolaires, quand il y a un consensus à l'échelon local (communauté éducative, UNSS, système fédéral, collectivités territoriales, DDCS ou DDCSPP ou DRJCS), de solliciter une reconnaissance par le Recteur de l'Académie, avec des heures supplémentaires d'enseignement éventuellement accordées.

Bénéficiant d'aménagement d'horaires, d'un suivi médical et de soutien pédagogique, les jeunes peuvent être entraînés par un professeur d'EPS de l'établissement, un cadre JS ou un Brevet d'État. Le responsable pédagogique est toujours un enseignant de la structure scolaire d'accueil.

• Le dispositif « pôles France » ou « pôles Espoirs » permet de regrouper les meilleurs sportifs d'une discipline afin de leur proposer un entraînement quotidien. Il permet d'aménager les études ou les formations professionnelles en fonction des orientations. Il organise le suivi médical des athlètes. Un CTS en est le coordonnateur.

mots-clés de la RÉPONSE

**COMMISSION NATIONALE DU SPORT DE HAUT NIVEAU
LISTE ET CATÉGORIE – AIDES PERSONNALISÉES – CONVENTION D'INSERTION – PÔLES – SECTIONS SPORTIVES**

QUESTION 74

Y a-t-il une législation spécifique au sport et aux activités physiques en France ? Que réglemente-t-elle ? En quoi les règles de l'Union Européenne influencent-elles ces activités ?

mots-clés de la QUESTION

LÉGISLATION – SPORT ET APS
RÈGLES COMMUNAUTAIRES EUROPÉENNES

1. Législation française :

1.1. Le code du sport :

Il tente d'organiser tout le système sportif français (compétition, loisir, spectacle). Il tient compte du partenariat entre l'État, les Collectivités territoriales (les APS n'ayant pas fait l'objet d'un partage des compétences lors de la mise en place de la décentralisation), le secteur privé (fédérations, organismes de loisirs).

Il comprend des articles réglementant :

- **l'agrément ;**
- **l'organisation du sport professionnel pour éviter les déficits financiers et améliorer la gestion (sociétés à objet sportif, entreprise unipersonnelle sportive à responsabilité limitée, société anonyme sportive professionnelle) ;**
- **la profession d'intermédiaire du sport (« agent sportif ») ;**
- **les fédérations sportives (agrément, mission de service public, délégation de pouvoir) ;**
- **l'exploitation des droits d'exclusivité des retransmissions de télévision ;**
- **le CNOSF ;**
- **les APS dans les entreprises ;**
- **le sport de haut niveau ;**
- **le Conseil National des activités physiques et sportives ;**
- **les assurances ;**
- **les plans de construction, destruction des installations sportives ainsi que la sécurité (homologation des enceintes) ;**
- **la lutte contre la violence dans les stades ;**
- **la profession d'éducateur sportif ;**
- **la sécurité, l'hygiène dans les établissements où sont pratiquées des APS ;**
- **les espaces, sites et itinéraires relatifs aux sports de nature ;**
- **le contrôle médical ;**
- **le suivi médical des athlètes de haut niveau ;**
- **la lutte contre le dopage.**

cf. question CISEJ 71.

2. Règles de la Communauté européenne :

Étant avant tout une communauté d'origine économique, il n'y a pas de « règles sportives » mais seulement une application pouvant influencer réglementations et habitudes des États membres, des Unions européennes sportives et des fédérations nationales.

2.1. Libre circulation des travailleurs :

Ceci à deux principales conséquences dont l'une a fait l'objet d'arrêts de la Cour Européenne de Justice :

– le sportif professionnel (arrêt « Bosman », arrêt « Malaja »)

Une réglementation privée (fédérale) ne peut empêcher un travailleur de s'installer dans un pays de la Communauté (remise en cause des droits versés au club qui « vend » un sportif en fin de contrat, interdiction de limiter le nombre de joueurs de la Communauté susceptibles de jouer dans une équipe de club).

– l'éducateur sportif

Le principe est : à qualification égale, travail et salaire égaux, sans discrimination nationale.

Mais peu de pays de la Communauté réglemente, contrôle et délivre les diplômes de l'encadrement sportif comme en France.

Actuellement, l'étude est en cours pour classer les diplômes de tous les pays, en évaluant les niveaux d'exigence. Ce qui permettrait d'établir une grille européenne basée sur les qualifications.

GRILLE COMPARATIVE

Qualification	Grille européenne	Grille française	Diplômes Français	Diplômes sportifs français
Travail d'exécution	Niveaux 1-2	Niveaux V	CAP BEP	BAPAAT aide-moniteur opérateur territorial
Encadrement Coordination	3	IV III	Baccalauréats	DEJEPS BEES 1 BPJEPS* éducateur territorial
Conception Direction Gestion	4	II	Bac + 3 ans d'études	DESJEPS BEES 2 conseiller territorial
	5	I	Bac + 3 et plus	BEES 3

* BPJEPS : cf. question 61.

2.2. Libre concurrence du secteur économique :

Les sociétés créées pour la gestion des sections professionnelles des associations sportives, au regard des règles de l'UE, ont une activité économique et commerciale. Elles ne peuvent donc pas bénéficier d'une aide publique pouvant remettre en cause la libre concurrence des clubs entre eux. Le « protectionnisme » ne pouvant être admis, la législation française a dû évoluer (code du sport, articles 113) ;

– interdiction d'accorder des garanties d'emprunts, ni cautionnement.

– subventions (de missions d'intérêt général) limitées à formation, insertion des jeunes sportifs, actions d'éducation, d'intégration et cohésion sociale, sécurité du public et lutte contre la violence.

– contrats de prestations de services plafonnées.

Bien entendu, la majorité des AS françaises pourront continuer de bénéficier de subventions publiques puisque cela ne touche que l'activité économique des sections professionnelles.

mots-clés de la RÉPONSE

CODE DU SPORT – LIBRE CIRCULATION DES TRAVAILLEURS DE LA COMMUNAUTÉ EUROPÉENNE – LIBRE CONCURRENCE

DES CHIFFRES ET DES IDÉES

Nous avons regroupé dans cette partie des éléments pouvant permettre au candidat de trouver quelques idées ou de susciter sa réflexion, afin d'introduire ou conclure son exposé pendant l'épreuve orale.

• En 2008 (sources MS)

- **il y a eu 16,7 millions de licences, titres de participation délivrés par les Fédérations françaises dont 15,3 millions sont de véritables licences (ouvrant droit à la compétition);**
- **il y avait environ 167 600 clubs ou sections de club affiliés;**
- **les 10 Fédérations françaises ayant le plus grand nombre d'adhérents:**

1	**FF de Football**	**2 278 691**	D (1)
2	**FF de Tennis**	**1 105 445**	D
3	**UNSS**	**1 002 889**	A
4	**USEP**	**877 407**	A
5	**UGSEL**	**760 188**	A
6	**FF d'équitation**	**600 805**	D
7	**FFEPGV**	**559 246**	G
8	**FF de Judo et disciplines associées**	**553 391**	D
9	**FF de basket-ball**	**455 116**	D
10	**FF de golf**	**396 990**	D

(1) D: délégataire, unisport.
A: affinitaire et/ou scolaire, multisport.
G: groupement national.

• Sur la période 1987-1999:

Fédérations ayant eu le plus fort développement:

- FF de Badminton + 474 % d'augmentation,
- FF d'Escrime + 255 %,
- FF de Triathlon + 233 %
- FF des Sports Équestres + 96 %,
- FF de Tir à l'arc + 78 %;

...les plus fortes baisses d'effectif:

- FF de Ski – 80 % (due en partie à un comptage différent),
- FF d'Haltérophilie – 45 %,
- FF de Tennis – 27 %.

De récents travaux avec des sources multiples (CNRS 2004, INSEE 2005...) font apparaître quelques chiffres majeurs sur la vie associative française :
- de 900 000 à 1 000 900 associations déclarées ;
- 195 500 associations sportives seules les 167 600 sont affiliées ;
- 4 Français sur 10 dans une association ;
- 2 Français sur 10 dans une association sportive dont 22 % d'hommes et 16 % de femmes de plus de 15 ans.

Nombre d'équipements sportifs (sources MJS 2006) :

– terrains de grands jeux (football, rugby, hockey...)	43 847
– courts de tennis	41 785
– boulodromes	24 772
– équipements équestres	10 087
– salles de combat	6 550
– bassins de natation	6 118

En 2006 :

– sportifs de haut niveau	7 181
– espoirs	8 595
– partenaires d'entraînement :	401
– pôles France labellisés	137
– pôles Espoirs labellisés	355

Place des femmes dans l'encadrement du sport :

DTN : 2 sur 57 (4 %)	CTR : 192 sur 1240 (16 %)
EN : 36 sur 359 (10 %)	Présidente de Fédération : 6 sur 115 (5 %) .

Une étude faite en 2004 (sources MS) montrait que la dépense sportive (hors estimation du bénévolat) était estimée à 28,9 milliards d'euros pour l'année 2004 :

– part de puissance publique	**40 %**
dont collectivités locales	**30 %**
État	**11 %**
– part des ménages	**51 %**
– part des entreprises	**9 %**

En 2007, le ministère de tutelle du mouvement sportif (MS) dispose d'environ 7 044 emplois :

dont 3 536 emplois du programme sport,
dont 1 684 cadres techniques mis à disposition (DTN, EN, CTS).
Le budget affecté à ce ministère représente 0,2 % du budget général.

Une enquête, ayant pour thème « pratique sportive 2000 » (Stat. Info MS Mars 2001) donne les estimations suivantes :

- **83 % des 15 à 75 ans déclarent avoir pratiqué une APS dans l'année et 60 % le font régulièrement ;**
- **18 % de cette tranche d'âge font de la compétition soit un peu moins de 1 sur 5 ;**
- **la pratique baisse avec l'âge ;**
- **la pratique féminine tend à combler son retard.**

Les deux plus importantes motivations sont :

– le plaisir 89 % ;

– la santé 75 %.

Depuis quelques années, on observe une tendance à abandonner les pratiques fédérales contraignantes (entraînement, compétition) pour des pratiques multiples de type loisir.

RÉPERTOIRE DES SIGLES EMPLOYÉS

AFLD : **Agence Française de Lutte contre le Dopage**

AG : **Assemblée Générale**

AMA : **Agence Mondiale Anti-dopage**

APS : **Activités Physiques et Sportives**

AS : **Association Sportive**

AUT : **Autorisation d'Usage à des fins Thérapeutiques**

ASSEDIC : **ASSociation pour l'Emploi Dans l'Industrie et le Commerce**

BAPAAT : **Brevet d'Aptitude Professionnelle d'Assistant Animateur Technicien**

BEES : **Brevet d'État d'Éducateur Sportif**

BPJEPS : **Brevet Professionnel de la Jeunesse, de l'Éducation Populaire et du Sport**

CA : **Conseil d'Administration**

CCNS : **Convention Collective Nationale du Sport**

CD : **Comité DIrecteur**

CDOS : **Comité Départemental Olympique et Sportif**

CEL : **Contrat Éducatif Local**

CIO : **Comité International Olympique**

CISEJ : **Cadre Institutionnel Socio-Économique et Juridique**

CMS : **Centre Médico-Sportif**

CNAPS : **Conseil National des APS**

CNDS : **Centre National de Développement du Sport**

CNOSF : **Comité National Olympique et Sportif Français**

CRDS : **cf. RDS**

CREPS : **Centre de Ressource, d'Expertise et de Performance Sportive**

CROS : **Comité Régional Olympique et Sportif**

CS : **Code du Sport**

CSG : Cotisation Sociale Généralisée

CTR : Conseiller Technique Régional

CTS : Conseiller Technique Sportif

DDCS : Direction Départementale de la Cohésion Sociale

DDCSPP : Direction Départementale de la Cohésion Sociale et de la Protection des Populations

DEJEPS : Diplôme d'État Jeunesse, Éducation Populaire et Sports

DESJEPS : Diplôme d'État Supérieur Jeunesse, Éducation Populaire et Sports

DRJSCS : Direction Régionale Jeunesse, Sport et Cohésion Sociale

DTN : Directeur Technique National

EPS : Éducation Physique et Sportive

ETR : Équipe Technique Régionale

FF : Fédération Française de…

FFSU : Fédération Française du Sport Universitaire

FSCF : Fédération Sportive et Culturelle de France

FSGT : Fédération Sportive et Gymnique du Travail

INSEP : Institut National du Sport, de l'Expertise et de la Performance

MEN : Ministère de l'Éducation Nationale
aujourd'hui **MJENR** : Ministère de la Jeunesse, de l'Éducation Nationale et de la Recherche

MJS : Ministère de la Jeunesse et des Sports
aujourd'hui **MS** : Ministère chargé des Sports

OMS : Office Municipal des Sports

RDS : Remboursement de la Dette Sociale ou **CRDS** (Contribution au…)

RNCP : Répertoire National des Certifications Professionnelles

SACEM : Société des Auteurs Compositeurs et Éditeurs de Musique

SICAV : Société d'Investissement À Capital Variable

SMIC : Salaire Minimum Inter-professionnel de Croissance

TAS : Tribunal Arbitral du Sport

UFOLEP : Union Française des Œuvres Laïques d'Éducation Physique

UGSEL : Union Générale du Sport dans l'Enseignement Libre

UNSS : Union Nationale du Sport Scolaire

URSSAF : Union de Recouvrement des cotisations de Sécurité Sociale et d'Allocations Familiales

USEP : Union Sportive de l'Enseignement du Premier degré

RÉUSSIR

4

GESTION, PROMOTION, COMMUNICATION LIÉES AUX CHAMPS D'ACTIVITÉS DES APS (ORAL)

PRÉSENTATION

1re PARTIE :
GESTION DE PROJET : Questions 76 à 79

2 e PARTIE :
NOTIONS D'ADMINISTRATION D'UNE STRUCTURE « EMPLOYEUR » (publique, associative, commerciale) :
Les questions pouvant se référer à ce paragraphe sont traitées dans le thème 3 «cadre institutionnel, socio-économique et juridique» : **Questions 49 à 55 et 61 à 69**

3 e PARTIE :
ACTIONS DE PROMOTION - LES TECHNIQUES DE COMMUNICATION : Questions 80 à 87

1re PARTIE : GESTION DE PROJET

Cette partie du programme est vaste et permet une telle ouverture du questionnement qu'il est impossible de tout le circonscrire.

En effet, chaque association, dans n'importe quelle discipline sportive peut :

- organiser des manifestations particulières (commémoration d'anniversaire, gala, fête...),
- planifier des stages sportifs pour ses pratiquants licenciés,
- établir des actions promotionnelles de la discipline,
- élaborer des stages de formation d'éducateurs,
- gérer des compétitions et rencontres de sélection,
- monter des actions vers des non-licenciés...

Toutes ces possibilités d'animation relèvent d'une même méthode d'organisation générale :

– évaluer la situation de départ,

– définir des objectifs,

– déterminer une stratégie,

– choisir les moyens,

– mettre en œuvre,

– évaluer l'action.

C'est pourquoi, nous présentons, de manière générale et complète, les différentes phases de l'élaboration d'un projet. Quelle que soit l'idée à mettre en œuvre, la démarche reste identique, suivant pas à pas les mêmes étapes (avec plus ou moins d'envergure dans les rubriques).

Retenez celles-ci et appliquez-les à votre questionnement particulier du jour de l'examen.

(Afin d'illustrer nos propositions, nous traitons quatre questions particulières qui montrent comment structurer les réponses sur cette partie de programme.)

N'oubliez pas qu'elle est évaluée à l'oral : contentez-vous de lister les étapes et de pouvoir les étoffer par votre discours, argumentant par rapport au cas particulier qui vous aura été donné dans la question.

N.B. Soyez réalistes dans vos choix du nombre de stagiaires, dans les disciplines laissées à votre initiative (ne prendre que celles que vous connaissez très bien), dans les lieux d'hébergement, le transport...

Appuyez-vous sur des réalités, vécues si possible.

Questions GPC 76 à GPC 79

2e PARTIE : NOTIONS D'ADMINISTRATION D'UNE STRUCTURE « EMPLOYEUR »

Cette partie ressort de contenus abordés dans un autre thème (le cadre juridique). Afin d'éviter les redites, il faut se reporter à ce chapitre.

Questions CISEJ 49 à 55 et 61 à 69

3e PARTIE : ACTIONS DE PROMOTION, LES TECHNIQUES DE COMMUNICATION

Nouveauté dans le programme du BEES, tronc commun, cette partie aborde les moyens dont disposent l'association et l'éducateur sportif pour se faire connaître, promouvoir ses activités et communiquer à tous les niveaux.

Questions GPC 80 à GPC 87

QUESTION 75

QU'EST-CE QU'ÉLABORER UN PROJET ?

1. Trouver et construire l'idée.

2. Mettre en place l'organisation.

3. Rechercher les moyens.

4. Établir un échéancier.

5. Répartir les tâches.

6. Mettre en œuvre le projet.

7. Établir un bilan.

1. Trouver et construire l'idée :

Que veut-on faire ?

- un gala
- une démonstration
- un anniversaire
- un voyage...
- une promotion de l'activité
- un tournoi sportif
- une sortie
- un stage...

Les idées sont nombreuses mais les questions essentielles sont à lister :

- quel public visé ?
- quels objectifs ?
- quelles activités ?
- quelle durée ?
- quelle date ?
- quelle infrastructure,
- quel encadrement ?
- quels matériels ?
- quelles procédures ?

2. Mettre en œuvre l'organisation :

– rechercher des « forces vives » et le responsable général ;
– fédérer les bonnes volontés ;
– trouver les personnes compétentes à chaque poste ;
– ne pas oublier les personnes « institutionnelles » (président de comité, maire...).

Le comité d'organisation est l'âme du projet mais aussi la cheville ouvrière indispensable à l'établissement des différentes tâches à réaliser : qui s'occupe de quoi ?

3. Rechercher les moyens :

Le budget est à établir en recettes et dépenses : exemples.

DÉPENSES

- frais de déplacement, d'hébergement
- matériel à utiliser, à acquérir
- locaux à louer (terrain, gymnase...)
- les fournisseurs : buffet, buvette
- la publicité : affiches, tracts, billetterie...
- les charges d'affranchissement postal et de téléphone

- les différentes taxes : impôt, SACEM...
- l'encadrement

...

RECETTES

- subventions des collectivités et de l'État
- recettes guichet et billetterie
- les sponsors
- les participations diverses
- la tombola
- les recettes buffet, buvette
- la vente de gadgets

...

4. Établir l'échéancier :

– choisir la date et s'assurer d'un alignement des objectifs dans le temps : ne pas faire dans l'urgence et l'approximation ;
– se réunir régulièrement pour faire le point sur les réalisations et les éventuelles difficultés ;
– prévoir la publicité en temps opportun : invitations, presse, personnalités, démarchage pour l'affichage... ;
– de manière générale, se préparer suffisamment à l'avance pour éviter la précipitation et les erreurs.

5. Répartir les tâches :

Il s'agit de diviser le travail en distribuant les responsabilités de l'organisation : qui s'occupe de quoi ?

– le financement : sponsors, subventions, recettes diverses, dépenses ;
– les formalités administratives : différentes demandes d'autorisation (préfecture, police, mairie, impôts...) ;
– la sécurité : quel service d'ordre ? quels dangers ? gardiennage ?
– la santé : service médical, ambulance, secourisme ;
– la communication : publicité, presse, les contacts, les invitations ;
– l'assurance/responsabilité : quel contrat ?
– l'organisation matérielle (la logistique) : transport, installation, montage, accueil participants, parking, fléchage en ville... ;
– l'organisation technique par rapport à la discipline (règlement).
Des réunions régulières permettent de faire le point sur le travail en cours.

6. Mettre en œuvre le projet :

C'est l'aboutissement et la concrétisation du projet. Le responsable général s'assure préventivement que tout est en place pour le jour J, qu'il ne manque rien de fondamental pour le bon déroulement du projet.

7. Faire un bilan :

– dès la fin de la manifestation, du projet, chaque responsable tire un premier bilan du déroulement ;
– il est souvent nécessaire de faire un suivi postérieur pour s'assurer que toutes les rubriques mises en place ont assuré l'entière mission qui leur était dévolue (notamment finances et matériel) ;
– établir un « press-book » du projet à distribuer aux différents sponsors (articles de presse, compte rendu) ;
– envoyer cartons de remerciement.

QUESTION 76

Votre association sportive fête ses trente ans d'existence, l'année prochaine.
Votre président, pour marquer cet événement, vous sollicite pour établir un avant-projet au prochain comité directeur.
Faites une présentation générale de votre proposition (illustrez avec une discipline de votre choix).

mots-clés de la QUESTION

ANNIVERSAIRE – AVANT-PROJET – PRÉSENTATION – PROPOSITION – DISCIPLINE AU CHOIX

1. Construire l'idée :

- la discipline : le judo ;
- l'idée : organisation d'un gala des « Arts Martiaux» en soirée (20 h 30-22 h 30) regroupant plusieurs disciplines comme judo, kendo, jiu-jitsu ;
- démonstrations techniques, entrecoupées par des interventions des jeunes de l'école de sport ;
- invitations des « ceintures noires » obtenues depuis la création du club ;
- public attendu : entre 200 et 300 personnes environ ;
- date : novembre (peu de concurrence avec d'autres manifestations à cette époque).

2. L'organisation :

- création d'un comité d'organisation, présidé par le président du club, regroupant les membres du comité directeur ; seront associés le maire, les différents sponsors sollicités (grande banque nationale ➡ agent local et l'Association des commerçants locaux) ;
- tous les membres volontaires du club sont invités à participer au travail collectif d'organisation.

3. La recherche des moyens :

En fonction du programme d'actions envisagées il convient d'établir un avant-budget, équilibrant les dépenses et les recettes.

En dépense :

- frais de déplacement et d'hébergement des invités (techniciens des disciplines en démonstration) ;
- la préparation du gymnase qui recevra la soirée : mise en place de gradins, installation des tatamis ;
- l'installation d'une buvette ;
- les frais de réception : vin d'honneur, buffet ;
- la publicité, la communication : affiches, tracts, invitations, encarts publicitaires ;`
- les frais généraux : courrier, téléphone, fax, photocopies...

En recettes :

- les subventions municipales et du Conseil Général (à solliciter en temps opportun, un an à l'avance sans doute) ;
- les recettes d'entrée ;
- les recettes de buvette ;
- les aides des différents sponsors ;

– la tombola ;
– la vente des produits du club (pin's, écharpes...) ;
– la participation financière du club lui-même.

Ce budget peut être grossièrement chiffré rubrique par rubrique.

4. L'échéancier :

– prévue avec un an d'avance, cette manifestation demande des contacts préalables avec les techniciens pour s'assurer de leur disponibilité ;
– faire les demandes de subvention en temps opportun ;
– dès septembre, le groupe de pilotage se réunit toutes les semaines, planifiant les différents objectifs à atteindre concrètement (rendez-vous avec sponsors, responsables techniques municipaux...).

5. La répartition des tâches :

Un responsable (membre du comité directeur) est nommé pour chaque grande commission indispensable.

– finances : le trésorier qui ouvre une rubrique particulière dans sa comptabilité. Il centralise toutes les demandes financières, reçoit toutes les factures et veille au respect de l'avant-projet proposé :
– administration : demandes d'autorisation auprès des administrations (police, mairie...) pour buvette, taxes diverses et l'assurance de l'Association ;
– logistique générale : gestion de l'installation des gradins, des tatamis, du fléchage des lieux, du parking, de la sonorisation ;
– la communication - la promotion : il convient de nommer « Monsieur relations publiques » (presse écrite et parlée) ; il lancera les invitations (recherche des anciennes « ceintures noires » du club, aux présidents des associations de la commune, au DDJS, aux présidents de comités, aux élus...). Il cherchera un animateur pour assurer les commentaires de la soirée (technicien compétent) ;
– l'accueil - la sécurité : il veille au déroulement « correct » de cet anniversaire : accueil des spectateurs, leur installation dans la salle ; il gère les moyens de secours (soins de premiers secours éventuels ➨ secouristes) et se met en liaison avec les services de police et de sécurité (pompiers) ;
– technique : fondamental puisque responsable des contenus proposés pour ce gala. confiée au directeur technique du club, il assure le programme de la soirée ; il contacte les « maîtres » des différentes disciplines en démonstration, il bâtit les interventions de l'école de sport avec les différents éducateurs du club.

mots-clés de la RÉPONSE

GALA D'ANNIVERSAIRE - ORGANISATION GÉNÉRALE
AVANT PROJET - DISCIPLINE AU CHOIX

QUESTION 77

Sous l'égide du CDOS (Comité Départemental Olympique et Sportif) on vous confie la responsabilité d'un stage d'espoirs départementaux (– de 18 ans) regroupant au moins deux disciplines. Ce stage en internat a lieu la dernière semaine d'août. Le matin est consacré aux disciplines sportives, l'après-midi aux activités de détente.
Présentez votre projet en insistant sur les moyens et la mise en œuvre (disciplines sportives au choix).

mots-clés de la QUESTION

STAGE D'ESPOIRS (-18 ANS) – DISCIPLINES – INTERNAT – AOÛT MATIN – APRÈS-MIDI – PROJET – MOYENS – MISE EN ŒUVRE

1. Construire l'idée :

- stage multidisciplinaire (basket-ball, handball) ;
- internat complet ;
- trente jeunes garçons mineurs (18 HB, 12 BB) ;
- matin : exercices dans les disciplines sportives ;
- après-midi : activités de détente (plein air) ;
- dernière semaine d'août ;
- objectif :
  - le matin est réservé à la mise en condition des jeunes avant la saison sportive et au travail technico-tactique correspondant à leur niveau de pratique (animation 9 h 30-11 h 30),
  - l'après-midi : cette période estivale permet la découverte d'activités de détente comme le canoë-kayak, la voile, l'escalade et le VTT (vélo tout terrain) : animation de 14 h à 17 H.

2. L'organisation :

- l'hébergement : se fait en base de plein air située à 80 kms ➨ prévoir le transport en bus ;
- organisation de la journée :
  - le matin : pour encadrer les 18 handballeurs il y a deux cadres fédéraux, pour les 12 basketteurs, 2 cadres fédéraux nécessaires,
  - l'après-midi : chaque activité est encadrée par un animateur diplômé, vacataire de la base de plein air (4 animateurs).
    Toutes les animations ont lieu sur place (aucun déplacement).

3. Les moyens :

- les moyens humains : vus ci-dessus ;
- les moyens financiers :
  ➨ les coûts :
  - hébergement de 30 garçons et 4 cadres sur une semaine du lundi matin au dimanche soir soit :
    6 journées en pension complète : 26 € x 6 x 34 = 5 304 €
    1 déjeuner (dimanche midi) : 8 € x 34 = 272 €
    Total : 5 576 €
  - l'animation des après-midi à la base de plein air :
    environ : 8 € x 7 x 34 = 1 904 €.

- le transport par autocar :
  lundi et dimanche : 2 x 140 km x 1,1 € = 308 €.
  Le coût total du stage peut être estimé à 7 700 € ;
  ➡ les recettes :
- la subvention CNDS (déposée un an à l'avance) de l'ordre de 2 300 €,
- la participation des stagiaires : 30 x 75 € = 2 250 €,
- la participation des clubs et des comités départementaux des disciplines sportives : 30 x 75 € = 2 250 €,
- les fonds propres du CDOS : 900 € ;

– les moyens matériels : chasubles, cônes, ballons mis à disposition par les clubs et la base de plein air.

4. L'échéancier :

– dès septembre, informations dans les clubs du département (HB et BB) et réserver la base de plein air avec les activités et les installations.

– en mai, recueil des candidatures ;

– en juin, envoi des noms des stagiaires retenus ;

5. La répartition des tâches :

Je suis le responsable général de l'organisation :

– les 4 animateurs sportifs sont responsables de leurs activités mais doivent se tenir informés des activités effectuées l'après-midi (quantification des efforts) pour construire des matinées équilibrées ;

– les 4 animateurs des activités de découverte sont informés des contenus des séances du matin ;

– au niveau administratif :
  - recueil des autorisations parentales (mineurs),
  - vérification des aptitudes en natation (voile),
  - envoi aux parents d'un document présentant le stage, des attentes de chaque stagiaire et des mesures prises en cas de manquement grave à l'esprit de ce rassemblement ;
  - prendre les mesures nécessaires concernant l'assurance du stage ;

– au niveau animation :
  - organiser les soirées (jeux, animations, table ronde...).

mots-clés de la RÉPONSE

STAGE MULTIDISCIPLINAIRE – ORGANISATION MATÉRIELLE, FINANCIÈRE, HUMAINE – ÉCHÉANCIER – TÂCHES

QUESTION 78

À l'initiative du maire de la commune, l'office municipal des sports (OMS) d'une ville de 3 000 habitants souhaite organiser une « fête du sport » à la rentrée des vacances scolaires, en septembre.
On vous sollicite pour imaginer et élaborer un projet d'animation. Exposez vos propositions pour cet événement.

mots-clés de la QUESTION

OMS — FÊTE DU SPORT - SEPTEMBRE — COMMUNE DE 3 000 HABITANTS - PROJET

1. Construire l'idée :

- « fête du sport » ➡ possibilité de pratique pour tous et possibilité de promotion pour les associations sportives. Pour cela, venir vers le public (et non l'inverse) ➡ regroupement au sein du « parc des loisirs » de la commune (autour du gymnase et de la salle des fêtes, existence d'un parc naturel comportant pelouse et terrain goudronné) ;
- animation sur une journée, le deuxième dimanche de septembre (juste la rentrée scolaire) ;
- public visé : enfants non licenciés, parents... ;
- animation gratuite.

2. Mettre en œuvre l'organisation :

- sous l'égide de l'OMS, inviter toutes les AS de la commune à une réunion préparatoire dès mars ➡ exposition des attentes municipales et du projet à venir ;
- la journée d'animation : 9 h-12 h et 14 h-17 h conjugue démonstrations et pratiques libres par les néophytes ;
- chaque président d'AS est responsable pour son club et est le correspondant privilégié du comité d'organisation (dont il fait partie intégrante) ➡ OMS.

3. Les moyens :

- la municipalité met à disposition les employés municipaux et son matériel lourd pour le transport de matériel (barrières, bottes de paille, matériel des AS), d'où la nécessité de présenter, pour chaque AS, sa demande d'aide suffisamment à l'avance (voir échéancier) afin d'organiser la logistique ;
- chaque AS étudie ses possibilités d'animation, les contenus particuliers liés à l'activité sportive qu'elle développe ;
- un dépliant regroupant toutes les informations est à concevoir par l'OMS afin d'être distribué gratuitement avant la manifestation ➡ impression prise en charge par la commune ;
- chaque AS peut, dès lors, faire une demande de subvention CNDS pour cette opération spécifique (ouverture vers des publics non-licenciés).

4. L'échéancier :

- première sensibilisation des AS vers début mars (6 mois au préalable) et distribution d'imprimés simplifiés expliquant la manifestation prévue en septembre (retour fin avril) ;
- première réunion de travail regroupant les AS intéressées en mai, puis chaque quinzaine ;
- retour des informations pour le dépliant : le 15 juin ;
- impression pour le 15 juillet ;
- distribution tracts et dépliants dans les lieux publics dès le 1er septembre (première sensibilisation) ;
- affichage chez les commerçants idem ;
- sensibilisation par articles dans la presse locale dès mi-juin ;
- début septembre, reprise des articles, un par jour sur chaque discipline sportive présente à la fête du sport.

5. La répartition des tâches :

- je suis le coordonnateur général en relation directe avec le président de l'OMS ;
- chaque président d'AS, membre du comité d'organisation est responsable pour sa discipline sportive ; il définit le type de matériel à installer, le type d'animations prévues. Il est libre de fournir tout imprimé sur ses activités (horaires d'entraînement, tarif, qualification de l'encadrement...) ;
- début septembre, réunion de travail une fois par semaine avec l'ensemble des participants.

6. L'évaluation :

- quantitative: nombre de participants par animation ;
- qualitative : degré de satisfaction, questionnaire ;
- 3 mois plus tard : impact sur l'inscription dans les clubs locaux.

mots-clés de la RÉPONSE

JOURNÉE D'ANIMATION – ORGANISATION MATÉRIELLE, HUMAINE, FINANCIÈRE – PROMOTION – TÂCHES

QUESTION 79

Vous êtes éducateur sportif territorial dans une petite commune rurale. À l'initiative des professeurs des écoles, vous êtes sollicité pour mettre en place un cross de masse regroupant tous les scolaires.
Exposez votre projet.

mots-clés de la QUESTION

CROSS DE MASSE – SCOLAIRES – PROFESSEURS DES ÉCOLES PROJET

1. Construire l'idée :

L'organisation d'un cross de masse avec les enfants des écoles élémentaires (8 classes) en liaison avec les professeurs des écoles est fonction de :

- public visé : environ 160 enfants du cours préparatoire (CP) au cours moyen (CM) (de 7 ans à 11 ans) ;
- durée : un après-midi 14 h 30-16 h 30 ;
- infrastructure : le parc du château situé sur la commune.

2. L'organisation :

La mise en place se fait en relation avec les professeurs des écoles, les parents d'élèves volontaires, le conseiller pédagogique de circonscription (CPC) en EPS, le délégué USEP ; ce comité d'organisation est placé sous la présidence de l'Inspecteur de l'Éducation Nationale (IEN).

3. Les moyens :

- **Au niveau financier : les élèves se rendent sur place avec les professeurs des écoles (pas de transport), la commune prend en charge le goûter (pains au chocolat et boissons), les récompenses sont achetées par la coopérative scolaire et l'USEP ;**
- **au niveau matériel : les barrières d'arrivée (placées en couloir sous forme d'entonnoir) soit environ une trentaine sont transportées par la commune, la sonorisation est prêtée par l'école.**

4. L'échéancier

- **un mois avant le cross : première réunion d'information regroupant tous les partenaires. Tous les renseignements sont fournis, toutes les interrogations sont levées ;**
- **réunion hebdomadaire en deuxième et troisième semaine (S3-S2) ;**
- **la dernière semaine : manifestation le mercredi après-midi de 14 h 30 à 16 h 30 :**
  - réunion finale le lundi soir avec tous les partenaires : derniers points à examiner,
  - mardi soir : établissement des listes des engagés fournies par les professeurs des écoles (informatique),
  - mercredi matin : installation des barrières d'arrivée et balisage des parcours. Mise en place de la sonorisation, des tables pour goûter, des tables pour récompenses.

5. La répartition des tâches ➡ un responsable est désigné pour :

- **le matériel : barrières, sonorisation, tables, balisage des parcours (roulette pour chaux), cônes ;**
- **la sécurité : contact avec les secouristes, la gendarmerie, le médecin de garde ;**
- **les goûters et la boisson ;**
- **les invitations : élus communaux et associatifs ainsi que la presse locale (correspondant) ;**
- **le règlement de l'épreuve et l'organisation : Responsable technique de ces épreuves, il a en charge toute la mise en place des personnes utiles au déroulement :**
  - le balisage du parcours,
  - le starter,
  - les responsables d'arrivée, mise en ordre des concurrents en file indienne (barrières) et classement,
  - les professeurs des écoles sont de proche en proche sur le parcours avec des parents ➡ surveillance (Ils ont confectionné les dossards pendant les cours),
  - distances imposées : de 700 m pour 7 ans à 1 500 m pour les 10-11 ans, soit 4 parcours à tracer,
  - l'animateur (au micro) pour appeler les enfants et annoncer les résultats.

  Sur place, cette organisation nécessite environ 20 personnes.

6. Le bilan

Après la manifestation, une réunion auralieu dans les jours suivants pour tirer les conclusions et enseignements du travail accompli.

mots-clés de la RÉPONSE

CROSS DE MASSE – SCOLAIRES – INSTITUTEURS – ORGANISATION HUMAINE, MATÉRIELLE, FINANCIÈRE – TÂCHES

QUESTION 80

Les premiers pas au sein d'un club sont déterminants pour le nouvel adhérent. Que l'impression ressentie soit mauvaise et le débutant ne revient pas.
1. Précisez les généralités de la communication.
2. Quelles applications pratiques en déduisez-vous quant à l'accueil des premières séances de la part de l'éducateur ?

mots-clés de la QUESTION

PREMIER PAS – IMPRESSION
GÉNÉRALITÉS DE LA COMMUNICATION – APPLICATIONS PRATIQUES
ACCUEIL LORS DES PREMIÈRES SÉANCES

1. Généralités de la communication

- **la communication est échange d'informations. Le schéma classique, émetteur ÷ canal ÷ récepteur, signifie, qu'au plan pédagogique, transmettre un message, nécessite aussi de contrôler s'il a bien été reçu ;**
- **quand un locuteur communique une information, il émet sur deux plans : le verbal et le non-verbal. Il laisse apparaître son état affectif, sa motivation. En conséquence, le récepteur décode le message perçu, lui donne une signification particulière et agit en conséquence ;**
- **même si deux individus ne se parlent pas, ils communiquent : ne rien dire à l'Autre signifie déjà... que je ne veux rien lui dire (comme dit le poète « il est des silences plus riches que des paroles ! ») ;**
- **dans son envie (ou son absence d'envie) de communiquer, l'émetteur transmet ses craintes, ses désirs, son affectivité ;**
- **dans le message oral, la compréhension du message est perçu pour :**
  - 7 % par le sens des mots,
  - 38 % par l'intonation,
  - 55 % par le non-verbal.
- **caractéristique du message :**

➡ **il doit être lisible :**

- langage adapté au public qui le reçoit,
- pas de « langue de bois» (message clair, sans ambiguïté) ;

➡ **il doit être crédible :**

- cohérence entre le contenu (le signifié) et l'expression (le signifiant) c'est-à-dire entre le verbal et le non-verbal,
- pas de communication paradoxale : dire une chose par le contenu oral et son contraire dans la manière de l'exprimer (dissonance), exemple : « Non, vous ne me dérangez pas ! » avec émission de signes extérieurs d'agacement ;

➡ **le non-verbal : transmis par :**

- le regard,
- les expressions faciales,
- l'attitude, la posture (exemple : la tête).

« En travaillant la forme, on améliore le fond » dit-on.

2. Conséquences pour l'éducateur

L'accueil des pratiquants dans les premières séances est fondamental pour les conserver. La conduite de l'éducateur est essentielle, elle renforce (ou détruit) l'image de marque du club :

- l'accueil est chaleureux : disponibilité, sourire, paroles bienveillantes (« bienvenue au club » !),
- le climat est positif : renforcement, gratification personnalisée et valorisation individuelle (approbation) :
  - ➡ louanger de manière simple et directe : « Très bien », « Excellent »...,
  - ➡ accorder la parole et le non-verbal : si compliment, associer un sourire, un pouce levé, des applaudissements...,
  - ➡ être spécifique dans l'approbation : exemple : « Ta main est très bien placée ! »,
  - ➡ connaître noms et prénoms des pratiquants, chacun se sent concerné par l'éducateur,
  - ➡ motiver les pratiquants (correction, explication, encouragement adressés à chacun donne envie de poursuivre),
  - ➡ l'éducateur écoute et entend les remarques émises par les pratiquants,
  - ➡ le groupe n'est pas trop grand (25 maxi) pour faciliter les contacts (éviter l'anonymat).

mots-clés de la RÉPONSE

VERBAL – NON VERBAL – LISIBILITÉ – CRÉDIBILITÉ
ATTITUDES DE L'ÉDUCATEUR

QUESTION 81

Vous êtes chargé de l'organisation d'une grande manifestation sur le plan local.

1. Rappelez les principes généraux d'une bonne communication.

2. Quels outils utilisez-vous pour la promotion de cette manifestation ?

mots-clés de la QUESTION

GRANDE MANIFESTATION – PLAN LOCAL – PRINCIPES COMMUNICATION – OUTILS – PROMOTION

Pour que la manifestation soit réussie, il est nécessaire de la préparer sérieusement et de prévoir un plan stratégique de communication. Son seul caractère de « grande » manifestation ne lui confère pas, de facto, un succès immédiat.

1. Principes généraux de la communication :

- Il s'agit d'établir une préparation déterminante afin d'être cohérent, efficace et stratégique dans le message,
- communiquer c'est viser une cible et l'atteindre,
- les questions qui se posent sont (Lasswell) :

Qui ?	**l'émetteur**
dit quoi ?	**le message (longueur, contenu)**
par quel moyen ?	**les outils utilisés**
à qui ?	**le public destinataire**
avec quel effet ?	**le résultat, les retombées,**

- le message doit être lisible, clair, avec du sens et présentant des intérêts, en évitant les redondances (les redites inutiles),
- il doit répondre aux questions de base :

qui ? quoi ? pourquoi ? quand ? où ?

Exemple :

- Qui ?... l'Association des Marcheurs du Centre
- Quoi ?... organise une randonnée Châteauroux-Bourges
- Pourquoi ?... pour la lutte contre le cancer
- Quand ?... le jeudi de l'Ascension, dès 7 heures
- Où ?... départ du mail Saint-Gildas à Châteauroux.

Voilà le message essentiel à faire passer par tous les canaux possibles.

2. Les outils utilisés : les médias de communication

Ils sont écrit, visuel et oral.

Les outils utilisés sont :

2.1. L'affiche :

- elle touche un vaste public, occupe le mobilier urbain et s'impose au lecteur,
- posée 10 à 15 jours avant l'événement,
- elle est visuelle avant d'être rédactionnelle,

- texte court, simple, direct : 2 mots clés maximum,
- format : mur 120 x 160 ou 240 x 320 cm, magasin 40 x 60 cm,
- l'affichage : fréquence de passage du public et lieux de stationnement.

2.2. Le tract :

- distribué 5 à 7 jours avant la manifestation (boîte à lettres, pare-brise voiture, distribué en ville...) ➡ prévoir main-d'œuvre en conséquence.

2.3. Le communiqué de presse :

- texte court, aux faits précis,
- il informe les journalistes : il répond aux qui, quoi, quand, où, pourquoi ?
- il répond à la règle des 3 C : clair, concis, concret,
- à envoyer 8 jours avant l'événement au quotidien
  1 mois avant l'événement à un hebdomadaire
  2 mois avant l'événement à un mensuel.

2.4. La conférence de presse :

(soit apéritif de presse, buffet ou dîner de presse)

- contacts avec les journalistes au préalable (8 jours avant),
- se rappeler qu'un journaliste est indépendant et qu'il utilise l'information comme il l'entend (indépendance de la presse),
- à bien préparer à l'avance,
- être clair, concis, concret,
- prévoir un dossier de presse retraçant les grandes lignes du projet et remis à chaque journaliste,

2.5. L'interview (entrevue) :

(presse parlée, écrite ou audio-visuelle)

- bien la préparer (questionnement certain du journaliste),
- limiter le message à l'essentiel (pas d'excès argumentaire),
- préparer son « fil conducteur » (fiche pratique) avec :
  - objectifs
  - lieu
  - date
  - public visé
- être naturel et décontracté.

2.6. Les journaux électroniques :

- utilisent le mobilier urbain,
- défilement cyclique (une centaine de fois par jour),
- informations essentielles (clair, concis, concret),
- voir le service « communication » de la commune.

2.7. Le site internet :

- Outil moderne et interactif, il doit être régulièrement actualisé.

mots-clés de la RÉPONSE

**QUI – QUOI – POURQUOI – QUAND – OÙ ? AFFICHE – TRACT
COMMUNIQUÉ DE PRESSE – CONFÉRENCE DE PRESSE
INTERVIEW – JOURNAUX ÉLECTRONIQUES – INTERNET**

QUESTION 82

Afin d'annoncer ses manifestations, l'Association sportive confectionne des affiches.

1. **Quelles règles générales doit respecter une affiche pour attirer le regard du passant?**
2. **Au sein du club lui-même, quelles règles suivez-vous concernant l'affichage de vos informations? Illustrez par des exemples.**

mots-clés de la QUESTION

ANNONCER – MANIFESTATION – AFFICHE – RÈGLES
AFFICHAGE AU SEIN DU CLUB – ILLUSTREZ – EXEMPLES

1. Règles générales pour la fabrication d'une affiche:

- Elle doit « accrocher » le lecteur (le temps de lecture a été estimé aux environs de trente à quarante secondes). Elle doit tout montrer et tout dire dans ce laps de temps.
- L'œil s'arrête sur des éléments dominants, mis en relief. Le parcours de l'œil a été mis en évidence: de gauche à droite, puis en diagonale de droite à gauche en descendant, puis à nouveau horizontalement de gauche à droite: l'œil parcourt un Z autour de 4 points d'ancrage.

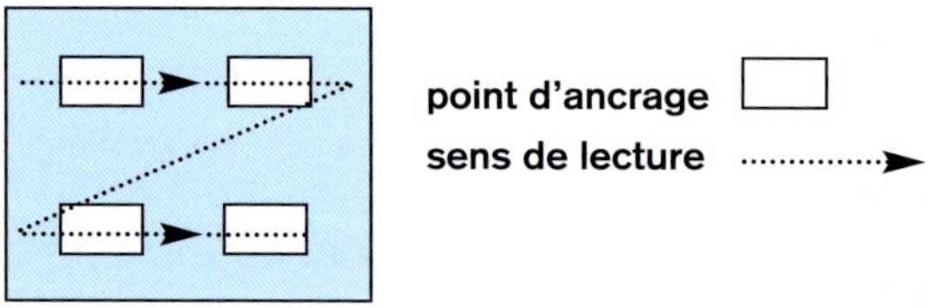

Il faut donc organiser le message autour de ces quatre points.

1.1. Le texte:

– que faut-il dire?

- ne pas vouloir tout dire,
- hiérarchiser: l'essentiel en 2 mots clés, puis ce qui est important, puis ce qui est secondaire;

– attirer le regard sur l'essentiel:

➨ en gros caractères: le titre pour « l'accroche » en 2 lignes maximum,
➨ en caractères plus petits pour les informations secondaires.

1.2. La couleur du fond :

2 à 3 couleurs maximum, jaune-orange voire bleu sont recommandés.

1.3. Le format:

Adapté au support qui reçoit l'affiche:

- sur vitrine de magasin: 40 x 60 cm,
- sur mur (plus important): 120 x 160 et plus.

Exemple : match de 1/16 de finale de rugby IIe division, organisé par le Rugby Athlétic Club Castelroussin (RACC) ayant lieu au stade des Chevaliers de Châteauroux le dimanche 5 mai 2008 à 15 heures entre le PUC (Paris Université Club) et le RACC.

- **information principale : match de rugby RACC-PUC IIe division ;**
- **informations importantes : stade des Chevaliers, dimanche 5 mai 2008, 15 heures ;**
- **informations secondaires : organisé par le RACC.**

L'efficacité :

- « match de rugby RACC-PUC 1/16e finale » en très gros caractère gras noirs,
- « dimanche 5 mai 08 à 15 h » en caractère plus réduits,
- « stade des Chevaliers » idem.

2. L'affichage au sein de l'Association sportive :

- **critère essentiel : la visibilité. L'affichage doit être placé sur un lieu de passage (personne ne doit pouvoir éviter le panneau d'exposition). En général, on choisit les entrées, les couloirs ;**
- **hauteur d'affichage : celle des yeux ;**
- **la visibilité amène la lisibilité :**
  - éviter de surcharger le panneau (pas d'empilage),
  - retirer les informations passées et périmées (durée),
  - alléger pour aérer,
  - faire le plus simple mais rester rigoureux et ordonné : les documents doivent être espacés ➡ donner envie de s'informer.

Exemple de panneau d'affichage :

mots-clés de la RÉPONSE

ACCROCHE – TEXTE – COULEUR – FORMAT
VISIBILITÉ – LISIBILITÉ

QUESTION 83

Le président de votre association sportive souhaite améliorer la communication au sein du club. Il vous confie cette tâche et vous invite à lui faire des propositions concrètes.
Que lui suggérez-vous ?

mots-clés de la QUESTION

AMÉLIORER – COMMUNICATION – PROPOSITIONS CONCRÈTES

1. **Le premier principe est de faire un état des lieux, un véritable diagnostic, pour repérer où se situent les blocages. Pour le réaliser, il convient de construire un questionnaire de quelques interrogations simples (distribué à chaque adhérent) exemples : 8 à 10 questions maximum :**

   - **vous sentez-vous toujours informés des décisions prises ? oui – non – pourquoi ?**
   - **vous tenez-vous régulièrement informés des activités de l'Association ? oui – non – pourquoi ?**
   - **le comité directeur vous semble-t-il faire le nécessaire pour vous informer ? oui – non...**

   Son exploitation permettra d'en tirer d'utiles remarques.

2. **Prévoir une organisation cohérente et structurée :**

   - **Il faut établir une vraie volonté de communication descendante (départ des dirigeants) et ascendante (départ des adhérents). L'information doit circuler dans les deux sens pour :**
     - informer tous les adhérents des décisions prises en bureau et en comité directeur ;
     - recueillir idées ou critiques que formulent les adhérents.

     C'est une volonté politique du président (élu par tous) et en ce sens, elle est un élément de démocratie directe : tout le monde peut et doit s'exprimer.

   - **Nommer un responsable de la communication est une priorité.**

     Il cherche à améliorer les outils de communication à l'interne mais aussi à l'externe (relations publiques). En ce sens, il est le coordonnateur du travail au sein de l'association.

     Sa stratégie : utiliser plusieurs outils afin de diversifier et consolider l'efficacité du message.

     Parmi ceux-ci, on peut retenir :

2.1. L'affichage :

- déterminer des emplacements spécifiques, visibles,
- éviter la surcharge des affiches et des panneaux,
- éliminer les informations périmées,
- faire un travail sérieux d'informations respectant la règle des 3C : clair, concis, concret.

2.2. Le compte rendu des communications :

- faire un compte rendu systématique des réunions,
- en tirer la quintessence et afficher le résultat,
- faire le lien entre les différentes commissions et assurer la coordination des différentes décisions.

2.3. La lettre d'information (ou bulletin) :

- Elle assure une liaison entre tous les membres adhérents.
- De format réduit (21 x 29,7), de deux à quatre pages, elle contient des informations inédites, pratiques, anecdotiques qui retiendront l'attention du lecteur. Pour cela, textes courts et style simple.
- Sa périodicité mensuelle est une bonne formule chacun pouvant écrire un article, soumis au responsable. C'est une occasion de donner envie à tous de participer.

2.4. Les réunions thématiques :

- Ne pas en abuser : rythme trimestriel ; dans cette réunion, un thème est abordé comme l'animation, les sorties de fin d'année...

2.5. Un site internet :

- interactif, attrayant, il doit être régulièrement actualisé ;
- la rubrique « blog » permet les échanges ;
- la mise en place et son actualisation demandent un savoir-faire et une disponibilité maximale.

mots-clés de la RÉPONSE

ENQUÊTE – VOLONTÉ DE COMMUNICATION – RESPONSABLE DE COMMUNICATION – AFFICHAGE – LETTRE D'INFORMATION RÉUNION THÉMATIQUE

QUESTION 84

Votre Association sportive est nouvellement créée. Pour mieux la faire connaître, que proposez-vous aux membres du comité de direction ?

mots-clés de la QUESTION

NOUVELLEMENT CRÉÉE – FAIRE CONNAÎTRE – PROPOSITIONS

L'association doit développer une véritable stratégie de communication (marketing), étudier l'environnement local et cibler les publics auxquels elle veut s'adresser.

Cette politique ne peut s'improviser et, de plus, elle a un coût financier qu'il convient d'estimer afin d'être en mesure de réaliser un investissement pour l'avenir.

Quelles sont les cibles visées pour mieux se faire connaître ?

- les partenaires institutionnels : commune, CDOS, DDCS ou DDCSPP, comité départemental de la discipline, le secteur scolaire (élémentaire, secondaire, universitaire),
- les autres partenaires locaux : les entreprises ➨ versant corporatif et le public en général.

Afin de promouvoir ses activités, l'AS dispose de plusieurs moyens.

1. La plaquette de l'association :

- Elle doit montrer « l'image de marque » de l'AS, apporter les informations nécessaires sur son objet, ses structures, son encadrement, son fonctionnement. Il faut réfléchir à sa conception, son contenu rédactionnel, son visuel, son format, son coût.
- Elle est distribuée en grand nombre.

2. L'annonce de presse :

Par la presse écrite (quotidien local) ou presse parlée (radio locale), cette annonce nécessite un contact avec les journalistes pour effectuer un reportage attrayant. Faire intervenir le côté relationnel privilégié avec le journaliste sportif.

3. Le tract :

- Distribué en nombre (pare-brise des véhicules sur les parkings, les grandes surfaces, les boîtes à lettres) il est un vecteur direct de l'information.
- On peut imaginer aussi une distribution directe au public (main-d'œuvre nécessaire) dans lieux de passage fréquentés.

4. L'affiche :

- L'affiche permet de capter l'attention du public.
- Elle nécessité de cibler les lieux d'exposition : commerçants, salles d'attente de lieux publics....
- Pour sensibiliser le public scolaire, un rapprochement avec les directeurs d'écoles élémentaires, les professeurs d'EPS pour le secondaire pour permettre un affichage au sein des établissements.

5. La publicité directe :

Par encart publicitaire dans le quotidien local ou les journaux d'annonces publicitaires, l'association peut se faire connaître. Attention à bien maîtriser la qualité du message à faire passer.

6. L'animation directe :

- Journée « portes ouvertes ».
- Animation en milieu scolaire.

7. Un site internet :

- Ne pas faire de bricolage.
- actualiser fréquemment.

mots-clés de la RÉPONSE

PLAQUETTE – ANNONCE DE PRESSE – TRACT – AFFICHE PUBLICITÉ – ANIMATION DIRECTE

QUESTION 85

À l'assemblée générale de votre Association sportive, lors du bilan de l'école de sports que vous animez, une baisse sensible des licenciés dans les catégories de jeunes, inquiète les dirigeants du club. Quels moyens proposez-vous pour remédier à cet état de fait ?
Illustrez vos idées dans une discipline de votre choix.

mots-clés de la QUESTION

BAISSE DE LICENCIÉS JEUNES – MOYENS POUR REMÉDIER
DISCIPLINE AU CHOIX

L'association est un club de rugby. Il souffre de la concurrence d'autres disciplines et une baisse de licenciés dans les catégories de jeunes (– 18 ans) doit être surmontée pour assurer la pérennité de l'École de rugby.

L'action envisagée s'oriente dans deux directions : au sein de l'École de sport et vers le milieu scolaire (élémentaire et secondaire).

1. L'école de rugby :

- une sensibilisation marquée est faite le premier samedi après-midi d'octobre (14 h-16 h) ;
- thème : un jeune rugbyman licencié au club se doit de convaincre deux camarades non licenciés (au minimum) pour un après-midi intitulé : « le rugby : un sport de copains » ;
- tous les éducateurs sont mobilisés et organisent des jeux avec une balle ovale : adresse, courses, rampers, roulades, plaquage de mannequins, relais, jeux collectifs sont au programme. Slogan : « faire jouer et aimer le rugby » ;
- chaque enfant nouveau remplit une petite fiche pour son identité. Un tirage au sort permet de leur faire gagner quelques gadgets (ballon, porte-clés...). Ces fiches serviront à repérer les enfants intéressés ;
- les parents sont invités à assister aux différents jeux, afin de montrer le côté éducatif du rugby ;
- un goûter clôture cet après-midi récréatif ;
- chaque enfant néophyte se voit remettre une petite fiche reprenant les informations essentielles sur le fonctionnement de l'école de rugby (jours, horaires) ;
- une couverture promotionnelle est indispensable : invitation de la presse, reportage photographique des jeux pouvant être remis au journaliste (pour utilisation ultérieure dans magazine spécialisé).

2. Vers le milieu scolaire :

2 cibles : l'élémentaire et le secondaire.

Cet investissement nécessite un travail en profondeur (persuasion des « décideurs ») que sont le conseiller pédagogique départemental (CPD), le conseiller pédagogique de circonscription (CPC) en EPS, les instituteurs pour l'élémentaire et les professeurs d'EPS pour le secondaire.

– pour l'élémentaire :

- réaliser une à deux journées de formation auprès des instituteurs sur le thème de la « balle ovale » (comment s'organiser ? comment jouer ?...),
- monter quelques cycles avec certaines classes sachant que les éducateurs du club peuvent venir aider l'encadrement (volontariat des instituteurs),
- clôturer les cycles d'initiation par un grand tournoi sous l'égide de l'USEP (en liaison avec le délégué départemental USEP) ;

– pour le secondaire :

- convaincre les profs d'EPS d'inclure des cycles rugby dans leur programme d'établissement,
- aide possible en pédagogie de l'activité (à la demande),
- organisé, avec le directeur départemental de l'UNSS, un grand tournoi sur la ville, un mercredi après-midi.

mots-clés de la RÉPONSE

ÉCOLE DE RUGBY – RASSEMBLEMENT POUR JEUX DE RUGBY MILIEUX ÉLÉMENTAIRE ET SECONDAIRE – CPC – CPD – USEP PROF EPS – UNSS

QUESTION 86

Aujourd'hui, il apparaît que la communication est un élément-clé dans le fonctionnement des Associations. Montrez l'importance des communications interne et externe pour un club sportif. Quels moyens utilise-t-il ?

mots-clés de la QUESTION

ÉLÉMENT-CLÉ – FONCTIONNEMENT – COMMUNICATION INTERNE COMMUNICATION EXTERNE – MOYENS

Une association regroupe des adhérents. Approcher les mécanismes relationnels, c'est faire émerger des processus de communication. Sans elle, pas de relation.

Une bonne communication permet d'éviter les incompréhensions, les pertes d'énergie et optimise le travail collectif.

La communication est transfert d'information d'une source à une autre source : il faut donc réfléchir au contenu du message émis, au canal qui le transmet et au récepteur qui le décode.

1. La communication interne :

- **elle informe adhérents, amis, salariés : elle diffuse l'information au sein du club ;**
- **elle permet de recentrer sur le projet du club en renforçant la cohérence du travail de chacun des membres,**

  exemple : le prochain match de l'équipe est fondamental, cela implique que tous les membres participent au mieux à ce que cet événement soit bénéfique pour le club. Chacun met la « main à la pâte » : billetterie, buvette, sandwichs, tombola... ;
- **elle relance la motivation des adhérents ;**
- **elle est l'assurance d'être informé des objectifs poursuivis, tout au long de l'année,**

  exemple : après la compétition, l'objectif est la recherche de la convivialité dans l'organisation de sorties, de voyages ou de tournois amicaux ;
- **elle augmente le sentiment d'appartenance au club car chacun sait ce qui s'y passe ;**
- **elle fait remonter les idées de la base vers les dirigeants (critiques, approbations).**

2. La communication externe :

- **elle véhicule l'image de marque (sérieux, efficacité...) ;**
- **elle promeut, fait connaître le club à l'extérieur ;**
- **elle crée une identité ;**
- **elle augmente le réseau relationnel, sensibilise et intéresse les sponsors ;**
- **elle crédibilise l'association, développe sa notoriété, implante son image et obtient des moyens ;**
- **elle conquiert de nouveaux adhérents.**

3. Les moyens utilisés (possibles) :

- la plaquette du club ;
- le bulletin d'informations périodique ;
- la conférence de presse, le communiqué de presse ;
- le journal de l'Association ;
- l'interview ;
- la publicité ;
- les journaux électroniques ;
- l'affiche, le tract ;
- le site internet…

mots-clés de la RÉPONSE

EN INTERNE : PROJET DU CLUB – MOTIVATION – INTÉRÊTS APPARTENANCE ; EN EXTERNE : IMAGE DE MARQUE NOTORIÉTÉ – IDENTITÉ – RELATIONS – NOUVEAUX ADHÉRENTS

QUESTION 87

**Pour promouvoir sa discipline, une fédération sportive se doit de développer des campagnes d'information et de communication. Quelle est la démarche ?
Illustrez vos propositions dans une discipline de votre choix.**

mots-clés de la QUESTION

PROMOUVOIR – DISCIPLINE – FÉDÉRATION – DÉMARCHE

Quelle que soit la discipline, la démarche est semblable pour toute action de promotion et de communication :

1. **analyse de la situation présente ;**
2. **définition des objectifs ;**
3. **identification de la cible ;**
4. **quels moyens ? quels supports ?**

Nous illustrerons nos propos avec des exemples de la Fédération Française de Golf (FFG) qui a lancé deux campagnes distinctes en 1994 et 1995 pour promouvoir le golf.

1. La campagne 1994 (du 1er mars à fin 1994) :

1.1. Analyse de la situation :

- en France : 228 000 golfeurs, 500 golfs,
- il manque 100 000 golfeurs pour faire vivre tous ces golfs.

1.2. Définition des objectifs :

- objectif visé : 5 000 nouveaux golfeurs en 95 c'est-à-dire faire progresser le nombre de licenciés, pour que, dans quelques années, l'ensemble des clubs puissent être viables.

1.3. Identification de la cible :

Suite à une étude réalisée en 1992, la FFG s'est rendu compte que plus d'un golfeur sur deux disait pratiquer un autre sport (tennis, ski, rugby...).

La France, comptant 14 millions de licenciés, la FFG tenait là un vivier intéressant de joueurs potentiels.

Son but : convaincre les autres féférations (87) que son objectif n'était pas de « piétiner leurs plates-bandes » mais de présenter une alternative à d'autres disciplines.

Le thème de la campagne : « le golf, sport de tous les sportifs ».

1.4. Les moyens :

Concrètement, sur présentation d'une licence fédérale, les sportifs avaient droit à trois leçons par un breveté d'État, se voyaient prêter le matériel et bénéficiaient de l'organisation d'une compétition amicale dans laquelle deux débutants étaient encadrés par un joueur chevronné. Des tarifs promotionnels étaient proposés pour ceux qui souhaitaient persévérer.

Résultats : + 5,32 % d'augmentation de licences en 94.

2. La campagne 1995 :

2.1. Analyse de la situation :

Il manque toujours des golfeurs même si l'augmentation des licenciés est significative (5,3 %). Autre chiffre intéressant : le nombre de joueurs qui abandonnent le golf n'est que de 20 %, le meilleur chiffre de tous les sports français (sources FFG).

2.2. Définition des objectifs :

Atteinte des objectifs en l'an 2000 : faire vivre les 500 golfs français en augmentant graduellement le nombre de licenciés (300 000 à terme).

2.3. Identification de la cible :

L'ensemble de la population est ciblée. Le golf est présenté comme accessible à tous ; la FFG veut faire descendre le golf dans la rue, briser son image de sport réservé à une élite.

Le thème de la campagne : « changez de vie, osez le golf ».

2.4. Les moyens :

- La FFG a investi 460 000 € dans une campagne d'affichage d'avril à mai 95. Les affiches (4 m x 3 m) représentent, autour d'une monumentale balle de golf, une famille entière (père, mère, enfant, grand-parent), en pleine nature.
- Cet affichage durait une semaine, concernait 80 villes plus la région parisienne, sur 3 500 panneaux.
- Une campagne publicitaire, reprenant le slogan et le dessin, était reprise dans les journaux et magazines de diffusion nationale.

Résultats : + 3,6 % d'augmentation de licences en 95.

mots-clés de la RÉPONSE

ANALYSE DE LA SITUATION – DÉFINITION DES OBJECTIFS
IDENTIFICATION DE LA CIBLE – LES MOYENS

5

L'ESPRIT SPORTIF (ORAL)

PRÉSENTATION

1re PARTIE :
NÉCESSITÉ ET IMPORTANCE DE L'ARBITRAGE : Questions 88 à 90

2e PARTIE :
RESPECT D'AUTRUI : Questions 91 à 96

3e PARTIE :
LES NOUVEAUX PROBLÈMES DE SOCIÉTÉ : Questions 97 à 99

PRÉSENTATION

Ce thème se divise en trois parties distinctes :

1. Nécessité et importance de l'arbitrage :

À quoi sert l'arbitre ? Est-il un élément indispensable au sport ? Ces questions fondamentales sont posées et traitées pour convaincre l'éducateur du rôle essentiel qu'il doit jouer auprès des pratiquants, et notamment des jeunes.

Questions E.Sp 88 à E.Sp 90.

2. Respect d'autrui :

Les contenus sont immenses et le questionnement actuel est là pour le montrer ! Cela part des manquements à l'esprit sportif en passant par les excès de la compétition sportive et la violence dans les stades, pour finir par le dopage.

Nous avons tenté d'aborder ce qui nous semble essentiel à maîtriser pour l'examen à travers 6 questions génériques.

Questions E.Sp 91 à E.Sp 96.

3. Les nouveaux problèmes de société :

Partie artificiellement ajoutée, sans véritable fil conducteur avec les précédentes, elle ressort plus de la connaissance des différents publics, en sciences humaines. Ici encore, le questionnement est très vaste mais nos trois questions résument certainement les attentes d'un jury, bien que le libellé sybillin du texte laisse la porte ouverte à bon nombre de questions « périphériques ».

Questions E.Sp 97 à E.Sp 99.

QUESTION 88

La compétition sportive, à tous les niveaux, nécessite la présence d'un arbitre.
1. Quels sont les rôles de l'arbitre ?
2. Quelles qualités lui demande-t-on ?
Illustrez avec des exemples.

mots-clés de la QUESTION

ARBITRE – RÔLES – QUALITÉS - EXEMPLES

L'arbitre est un élément de la confrontation sportive. On appelle arbitre aussi bien celui de football ou de hand-ball que le commissaire de course cycliste, le juge en escrime ou en gymnastique, l'officiel d'athlétisme ou de natation...

Personnages divers dans leurs fonctions, leurs missions et prérogatives, mais uniques dans leurs rôles : le respect de l'équité sportive en veillant à l'application des règles.

1. Rôles de l'arbitre :

- **Dans le domaine sportif, la règle est la loi fondamentale qu'il convient de respecter. La mission essentielle de l'arbitre est de veiller au respect du règlement sans lequel tout défi sportif n'a plus aucun sens.**
- **Tout sport est régi par un code (les règles) qui centralise l'ensemble des procédures permettant le déroulement de la compétition. L'arbitre en est le garant, le dépositaire (connaisseur en théorie et en pratique des éléments techniques et tactiques de la discipline).**
- **Il dirige la rencontre (ou la manifestation) et sanctionne les infractions si nécessaire ; il fait de la prévention (avertissement).**
- **Exemples : le rugby :**
  - examen du terrain (tracé, poteaux...),
  - renseignement de la feuille de match (noms des joueurs...),
  - contrôle des licences,
  - vérification de l'équipement (crampons, protections...),
  - sur le terrain, il est le directeur du jeu,
  - au retour du terrain, il transcrit les réclamations et fait son rapport sur le déroulement de la partie.

2. Les qualités de l'arbitre :

« L'arbitre n'est pas infaillible mais impartial ».

- **Il est compétent : connaissance approfondie du règlement.**
- **Il fait autorité : courtoisie et fermeté, sans autoritarisme.**
- **Il est honnête : il ne prend pas partie (puisqu'au dessus des parties ➨ définition même de l'arbitre).**

- Il est courageux : il prend les décisions opportunes même dans les circonstances difficiles (pression des joueurs ou du public). Il ne cède pas aux dirigeants.
- Il est pédagogue : il explique, sans se retrancher derrière son statut d'arbitre, la faute commise.
- Il est maître de lui : il surveille ses paroles et sa conduite dans un souci de neutralité.
- Il est en forme physique : il se prépare mentalement et physiquement (condition physique), son hygiène de vie est celle d'un sportif.
- Il se recycle en permanence : évolution des règles, du niveau de jeu, des connaissances techniques et tactiques (formation continue).

mots-clés de la RÉPONSE

ÉQUITÉ SPORTIVE – CODE – DIRECTEUR DU JEU – COMPÉTENCE AUTORITÉ – HONNÊTETÉ

QUESTION 89

L'arbitre apparaît comme un élément essentiel des rencontres sportives.
Peut-on envisager une rencontre sans arbitre ?
Illustrez à l'aide d'exemples.

mots-clés de la QUESTION

ARBITRE – ESSENTIEL – RENCONTRE – SANS ARBITRE EXEMPLES

1. Une rencontre sans arbitre : un petit retour aux sources !

- Naissance des sports, au XIXe, en Angleterre (Thomas Arnold) dans les grandes écoles et les collèges (« public schools »).
- Codification laborieuse et hésitante des règles, d'un établissement à un autre, d'une région à une autre.
- Harmonisation difficile : l'arbitrage est assuré par les deux capitaines-joueurs. Ils éprouvent des difficultés à assumer ces deux rôles simultanés (arbitre + joueur).
- L'arbitrage est alors confié à deux représentants, un de chaque équipe. Si désaccord, discussions et palabres qui entraînent arrêts du jeu et perte de temps. La solution n'est pas satisfaisante.
- On confie l'arbitrage à une tierce personne, choisie par les capitaines : l'arbitre est né ; une fois choisi, on ne conteste pas les décisions : puisqu'il a été désigné et reconnu, il est un élément indiscuté.
- Cette évolution a été lente et difficile.
- Donnons une définition de l'arbitrage : c'est un procédé juridictionnel de règlement d'un litige par une personne ou un ensemble de personnes privées, indépendantes et impartiales, investies par convention établie entre les parties (compromis d'arbitrage ou disposition statutaire), du pouvoir de juger (c'est une définition de droit qui s'applique aisément au sport).
- Le jeu sans arbitre, l'histoire le montre, est délicat à assumer puisque finalement l'arbitre s'est imposé pour assurer une application des règles.

2. Et aujourd'hui ?

Une rencontre sans arbitre est envisageable sous certaines conditions liées : aux disciplines, au niveau de pratique, aux règles, aux pratiquants eux-mêmes, aux enjeux.

2.1. Les disciplines :

- Le golf se pratique en auto-arbitrage : chaque compétiteur est garant du respect des règles de la part de son partenaire (en cas de litige, il est prévu d'adopter deux solutions que le comité d'épreuve tranche après la compétition).
- Une rencontre France-Angleterre de rugby ne peut s'envisager sans arbitre.
- Il semble que plus la distance de charge est grande, plus la violence de l'affrontement croît (Parlebas) et plus la présence d'un arbitre s'impose ; au plus bas de l'échelle de

l'affrontement (golf, pétanque) au plus haut (hockey sur glace, football américain aux nombreux arbitres).

2.2. Le niveau de pratique :

- Une rencontre de basket de rue sur le terrain de la cité peut s'organiser sans arbitre (après discussion sur les règles).
- La finale de Wimbledon s'imagine difficilement sans arbitre... mais plus par commodité et tradition que par obligation. D'ailleurs, quand l'arbitre se trompe (ou semble s'être trompé) certains joueurs se redonnent les points.
- On peut penser que plus le niveau augmente, plus la vitesse de jeu s'élève, nécessitant une aide extérieure pour analyser les phases de jeu et les fautes éventuelles.

2.3. La complexité des règles :

- Plus les règles se complexifient, plus un expert-connaisseur des lois du jeu s'impose.
- Exemple : la pétanque, sport simple (en règles) permet l'auto-arbitrage ; le rugby, plus complexe, ne peut se permettre l'absence d'arbitre (anarchie).

2.4. Les pratiquants :

- Ils peuvent eux-mêmes se passer d'arbitre, d'un commun accord : chacun signalant sa faute à l'autre (aux autres). Avec beaucoup de respect de l'adversaire, un sens aigu de l'esprit sportif, cette forme de rencontre peut être envisagée. Mais l'histoire a montré que cela est difficile à mettre en œuvre.
- Les joueurs doivent être imprégnés d'une forte culture réglementaire de la discipline, d'un esprit coopératif développé. Souvent l'enjeu amène des débordements.

2.5. Les enjeux :

- Une rencontre pour « du beurre », pour « rire » peut se dérouler sans arbitre : les conséquences engendrées par la défaite sont minimes.
- Toute rencontre engageant prestige, gloire, finances ou pouvoir suppose la présence de l'arbitre (choisi par les deux parties) pour que les règles décidées soient appliquées. Exemples : la rencontre inter-bâtiments de la caserne ou la finale départementale peuvent nécessiter la présence d'un arbitre au même titre que la finale de la Coupe du Monde.
- Le sport de haut niveau, au regard des enjeux économiques, financiers et de prestige qu'il engage, ne peut évidemment plus se passer d'un (des) arbitre(s).

mots-clés de la RÉPONSE

HISTOIRE DE L'ARBITRE – LES DISCIPLINES
LE NIVEAU DE PRATIQUE – LA COMPLEXITÉ DES RÈGLES
LES PRATIQUANTS - LES ENJEUX

QUESTION 90

L'arbitre est très souvent la cible des critiques des joueurs, des dirigeants et des spectateurs.
1. Comment expliquez-vous ce phénomène ?
2. Comment peut-on y remédier ?
Illustrez avec des exemples.

mots-clés de la QUESTION

ARBITRE – CRITIQUES – JOUEURS – DIRIGEANTS – SPECTATEURS REMÈDES – EXEMPLES

1. L'arbitre est critiqué :

– Dans la recherche des motifs de l'échec, quatre grandes causes sont repérées :

	Dimensions de chaque cause		
Compétence	interne	stable	peu contrôlable
Hasard	externe	instable	incontrôlable
Effort	interne	instable	contrôlable
Difficulté de la tâche	externe	stable	peu contrôlable

interne : dépendant du pratiquant,

externe : dépendant du monde extérieur.

– C'est dans la défaite que les critiques sont émises. Lorsqu'on gagne, l'arbitre est « excusé » pour sa faiblesse.L'arbitre cristallise l'échec.

Exemple : « nous avons perdu à cause de l'arbitre ». La cause de l'échec est externe et incontrôlable préservant ma compétence et ma motivation.

– Quand les joueurs, dirigeants et entraîneurs critiquent l'arbitre, ils se disculpent de la défaite : ce n'est pas de leur faute, ils ne sont pas responsables ; le travail fourni à l'entraînement, l'engagement individuel et collectif, l'estime de soi sont préservés.

L'attribution causale externe « déresponsabilise » sinon il faut que le pratiquant avoue son incompétence, son manque de motivation et de travail. En «chargeant» l'arbitre, il se dédouane du résultat médiocre obtenu.

– Pour les spectateurs, qui viennent assister à la rencontre, l'analyse est semblable : « Notre équipe n'était pas moins forte, c'est l'arbitre qui nous fait perdre ! ». Ainsi, les spectateurs justifient leur engagement à supporter un groupe compétent, consolident leur motivation à revenir au stade.

– Aujourd'hui, trop d'enjeux économiques et financiers, trop de sollicitations médiatiques, trop de recherches de prestige ont fait, d'une confrontation sportive, un affrontement de blocs : ville contre ville, pays contre pays voire mode de vie contre mode de vie...

L'arbitre est au centre : attaqué, critiqué, suspecté de malversations, de tricherie, d'être acheté. Il n'est plus auréolé de ce rôle de médiateur des parties, choisi par les deux camps, mais il est vécu comme un pouvoir négatif qui est là pour brimer et non comme l'élément nécessaire au bon déroulement du jeu : il est le catalyseur des frustrations, focalisant mauvaises humeurs et déceptions.

2. Quels remèdes ?

C'est toute une éducation à faire (à revoir) ?) auprès des joueurs, dirigeants, entraîneurs et spectateurs. Il est urgent de faire évoluer les mentalités :

- peut-on continuer à vouloir gagner à tout prix ?
- le jeu sportif justifie-t-il de vaincre par tous les moyens ?

2.1. Les joueurs (les sportifs) :

– mieux leur faire comprendre le rôle de l'arbitre ;

– apprentissage sérieux des règles du jeu au sein des clubs (savoir jouer depuis longtemps n'est plus suffisant) ;

– faire arbitrer les jeunes ➡ familiarisation avec ce rôle toujours dévolu à l'adulte (en éprouver la difficulté).

2.2. Les dirigeants, les entraîneurs :

– assimiler le rôle de l'arbitre : médiateur et non oppresseur, pas adversaire mais défenseur de la règle ;

– respecter l'arbitre, c'est admettre sa faillibilité (une enquête belge de 1987, sur le football, a montré qu'un arbitre se trompe généralement une fois sur quatre). Faillibilité n'est pas partialité ;

– aider à la restauration de l'image et du rôle de l'arbitre: pas de critiques systématiques, pas de sous-entendus... quand l'entraîneur d'un grand club parisien déclare aux journalistes : « Ce soir, il y avait sur la pelouse, 22 professionnels et un amateur ! » il participe à cette dégradation progressive de l'image de l'arbitre, homme intègre et honnête ;

– dédramatiser la défaite, alternative essentielle de l'affrontement compétitif.

2.3. Le public :

– développer les clubs de « supporters » ;

– éduquer les enfants (futurs adultes-spectateurs) ;

– développer les campagnes dans lesquelles le public est valorisé (« public le plus fair-play »),

exemple : le carton bleu de la Fédération Française de Football en 1996 pour la Coupe de France ;

– faire participer les clubs de « socios » aux réflexions en ce domaine : encourager son équipe n'implique pas qu'on insulte l'adversaire (rôle des speakers dans les stades) ;

– lutter contre le chauvinisme (sensibilisation de la presse).

mots-clés de la RÉPONSE

ATTRIBUTION CAUSALE – ENJEUX – REMÈDES
JOUEURS – DIRIGEANTS – PUBLIC

QUESTION 91

À tous les niveaux de pratique sportive, on constate des manquements à l'esprit sportif.
1. Donnez une définition de l'esprit sportif.
2. Que savez-vous des mesures prises par le Ministère chargé des Sports et le mouvement sportif pour préserver l'esprit sportif ? Exemples.

mots-clés de la QUESTION

MANQUEMENTS – ESPRIT SPORTIF – DÉFINITION
MESURES PRISES PAR MS ET MOUVEMENT SPORTIF

1. Définition de l'esprit sportif :

L'esprit sportif est un état d'esprit, révélateur d'une attitude : le respect de la règle du jeu et le respect de l'Autre.

L'Association Française pour un Sport sans Violence et pour le Fair-Play (AFSVFP) a défini un code qui répond à l'esprit sportif (1991).

Code du sportif
Plus vite, plus haut, plus fort
dans l'esprit de la charte olympique...

Tout sportif, débutant, champion, éducateur, dirigeant, par la signature d'une licence fédérale s'engage à :

1) se conformer aux règles du jeu ;
2) respecter les décisions de l'arbitre ;
3) respecter adversaires et partenaires ;
4) refuser toute forme de violence et de tricherie ;
5) être maître de soi en toutes circonstances ;
6) être loyal dans le sport et dans la vie ;
7) être exemplaire, généreux et tolérant.

AFSVFP

Ce code du sportif est un code moral d'engagement des sportifs.

2. Mesures prises par le mouvement sportif et le MS :

- **L'AFSVFP est née en 1983 de la fusion du Comité Français pour le Fair-Play (fondé en 1960) et l'Association pour un Sport sans Violence (fondée en 1983).**
- **Son but : protéger le sport de la violence, du désordre et de la tricherie qui le polluent, pour défendre et promouvoir l'esprit sportif, le respect de son éthique et sa manifestation essentielle : le fair-play.**
- **Ses moyens d'action :**
  - rédaction d'articles et d'ouvrages,
  - organisation de colloques, forums, rassemblements, débats, séminaires,
  - organisation de challenges, parrainage et prix.

Exemples :

- l'AFSVFP souhaite que le code sportif (vu ci-dessus) soit imprimé sur toutes les licences,
- l'AFSVFP a créé le Grand Prix du Fair-Play (actions, éducateurs, esprit sportif, carrières...),
- l'AFSVFP a créé des prix départementaux et régionaux en liaison avec les CDOS et CROS.

– Le Ministère chargé des Sports, en collaboration avec le CNOSF, essaie de promouvoir l'esprit sportif par des campagnes nationales. Le Ministère chargé des Sports actuel veut prendre une part active dans la lutte contre les incivilités et la violence dans et autour du sport qui dégradent le climat de sécurité et de confiance qui doit prévaloir à l'occasion des manifestations sportives et altèrent l'image d'un sport porteur de valeurs éducatives.

– Les mesures prises sont la mise en place de :

- modules de sensibilisation dans la formation initiale et continue des inspecteurs Jeunesse et Sports ainsi que des professeurs de sport,
- avenants aux « contrats locaux de sécurité»,
- moyens financiers (CNDS pour 1,5 millions d'euros) pour le développement de ces actions,
- actions de formation à l'intention des acteurs sportifs (dirigeants, cadres techniques, éducateurs, entraîneurs, arbitres, responsables des services des sports de collectivités territoriales),
- actions de communication autour de l'éthique sportive, du respect de l'autre et de la convivialité sportive (« fête du sport »),
- sensibilisation des athlètes de haut niveau au repect des règles d'arbitrage,
- organisation et mise en place du module « esprit sportif » dans les formations sportives.
- l'AFSVFP a créé un code du média du sport dans lequel tout média du sport s'engage en conscience à :

  1. s'inspirer des devoirs de l'homme citoyen ;
  2. respecter la déontologie ;
  3. défendre et promouvoir le code du sportif ;
  4. refuser l'instrumentalisation du sport.

mots-clés de la RÉPONSE

ÉTAT D'ESPRIT – RESPECT DE LA RÈGLE – RESPECT D'AUTRUI
CODE SPORTIF – AFSVFP – CAMPAGNE MS

QUESTION 92

« Être fair-play » est une une recommandation de l'éducateur sportif auprès de ses pratiquants.
1. Donnez une définition du fair-play : exemples.
2. Pourquoi le fair-play tend-il à disparaître ?

mots-clés de la QUESTION

FAIR-PLAY – DÉFINITION – DISPARAÎTRE - EXEMPLES

1. Le fair-play :

Il est souvent assimilé à l'esprit sportif. Il est l'expression, sur le terrain de sport, de la « manière d'être », du savoir-vivre. C'est la traduction effective de l'esprit sportif, « le chevalier moderne » selon la pensée de de Coubertin.

Pour l'AFSVFP : « Être fair-play, c'est adopter lors (puis hors) des compétitions, un code de conduite morale qui permet de régir à la fois les règles strictes d'une pratique avec une interprétation favorable à l'esprit du jeu, et celles humaines et fondamentales du respect des autres et de soi-même ».

L'AFSVFP délivre de nombreux prix :

- attitude de fairplay (prix Micheline Ostermeyer),
- esprit sportif (prix Jo Maso),
- carrière sportive (prix Patrice Martin),
- carrière éducateur (prix Amimé Jacquet),
- carrière dirigeant (prix Fernand Sastre),
- promotion esprit sportif (prix Nelson Paillou),
- défense esprit sportif
- prix spécial du jury.

Exemples :

• En 2005

Le prix « Attitude Fairplay », (Micheline Ostermeyer) attribué à Sébastien Loeb. Alors en tête de l'épreuve 2005 de Grande Bretagne, un accident mortel lors d'une spéciale endeuilla la course. Sébastien Loeb préfère alors – par respect de l'adversaire malheureux et du décès d'un ami – se faire pénaliser de deux minutes plutôt que d'obtenir le jour même la victoire et le titre de champion du monde. Son geste d'honneur, magnifique d'élégance a fait primer les valeurs humaines sur les enjeux financiers.

• En 2005

Le prix spécial du jury a été attribué à Florian Rousseau, dix fois champion du monde de vitesse et trois fois champion olympique. Il a mené une carrière exceptionnelle de sprinter avec un fairplay exemplaire, un respect des règles et des adversaires, une acceptation sereine de la défaite et une modestie souriante après de nombreuses victoires.

2. La tendance à la disparition du fair-play :

La main de Maradona marquant un but non valable à la Coupe du Monde, celle du Portugais Vata en demi-finale de Coupe d'Europe contre Marseille, ou l'agression du gardien de but allemand Schumacher sur le Français Battiston en Coupe du Monde 1982 sont autant d'exemples illustres de la négation du fair-play sur les terrains de sport à haut niveau.

Qu'est-ce qui peut engendrer cet état de fait ?

- les enjeux financiers colossaux actuels,
- la recherche éperdue de la victoire,
- le prestige social accordé aux vainqueurs,
- la pression médiatique des événements,
- la pression des sponsors qui veulent des résultats,
- l'âpreté des entraînements pour atteindre le plus haut niveau,
- le manque d'éducation sportive,
- l'apathie des médias à ne pas sanctionner ces comportements déviants,
- la dramatisation des affrontements,
- l'individualisme outrancier exprimé par la société actuelle...

mots-clés de la RÉPONSE

CONDUITE MORALE – RESPECT DES RÈGLES
RESPECT DES AUTRES – EXCÈS

QUESTION 93

La compétition sportive a toujours engendré des excès.
1. Montrez-en quelques aspects significatifs.
2. Cette tendance vous paraît-elle inéluctable ?
Illustrez avec des exemples.

mots-clés de la QUESTION

COMPÉTITION – EXCÈS – TENDANCE INÉLUCTABLE – EXEMPLES

1. Compétition sportive et excès :

1.1. Un peu d'histoire :

Les excès en pratique sportive ne sont pas le fait exclusif de notre société moderne de fin de siècle.

Exemples :

- En 1908, aux J.O. de Londres, la partialité des jurys à majorité anglaise, et leurs décisions discutables, entraînèrent des incidents majeurs avec les délégations des USA et de la France.
- En 1919, au lendemain de la première guerre mondiale, lors d'un match de rugby des Jeux Interalliés, un journaliste écrivit : « C'est ce qu'on peut faire de mieux sans couteaux ni révolvers ! ».
- En 1929, le début de la saison de rugby se solda par la mort de cinq joueurs. « Chaque dimanche, ce sont des pugilats... des arbitres assommés et la mentalité de ces foules, qui de plus en plus, vont aux champs sportifs comme à des combats de gladiateurs » écrit un député (rapporté par Thibault dans « Sport et Éducation Physique 1870-1970 »).
- En 1985, stade du Heysel à Bruxelles, à l'occasion de la finale de la Coupe d'Europe de football, trente-neuf morts furent dénombrés dans les tribunes.

1.2. Les excès :

Les rencontres sportives donnent lieu à des excès divers parmi lesquels : la violence, la tricherie, la corruption.

– La violence :

Elle est perte de raison. Elle bascule dans la bêtise et la folie, alimentées par les fantasmes collectifs (foule).

➡ la violence des acteurs : normalement, le code de jeu ritualise l'affrontement (l'anti-jeu est banni). L'application de l'arsenal des règles par l'arbitre devrait permettre de la faire reculer.

Exemple : au karaté, le compétiteur qui ne maîtrise pas ses coups peut être disqualifié ; le footballeur au tâcle trop violent est exclu.

De la violence engendrée par les acteurs, peut naître la violence des spectateurs.

➡ la violence des spectateurs :
La plus terrible car elle déborde vite les agents de la sécurité (hooliganisme).

- **La tricherie :**
  - ➨ la tricherie « simple » : tirage de maillots, simulacre de blessure, buts ou points illégaux, acte d'anti-jeu en général.
  - ➨ la tricherie par le dopage : emploi de substances ou méthodes, utilisées à l'entraînement ou en compétition, pour augmenter artificiellement les capacités (et produits masquants). On en mesure les ravages à haut niveau.
- **La corruption :**
  - ➨ des acteurs : pour payer l'adversaire pour qu'il se laisse dominer ou qu'il ne participe pas (exemple : faut-il rappeler OM-Valenciennes ?).
  - ➨ des arbitres et dirigeants : même effets car la cupidité et l'appât du gain facile ont toujours fonctionné de pair.

2. Est-ce inéluctable ?

Cette tendance à la violence, la tricherie et la corruption est très ancienne (lors des Jeux Olympiques antiques, on signalait déjà des cas de corruption).

Citons quelques causes :

- **la mondialisation du sport ;**
- **le gigantisme des compétitions (J.O., Coupe du Monde...) ;**
- **les enjeux financiers colossaux qui prévalent aujourd'hui à la mise sur pied de ces événements ;**
- **la médiatisation amplifiée, planétaire des exploits sportifs ;**
- **l'arrivisme et la cupidité des hommes ;**
- **la soif inextinguible de notoriété et/ou de pouvoir ;**
- **l'individualisme forcené de la société actuelle...**

Elles sont autant d'aiguillons plantés dans la chair des sportifs.

Depuis la naissance du mouvement sportif (fin XIXe) les mêmes causes produisent les mêmes effets.

Seule différence aujourd'hui : la puissance des moyens est notablement supérieure (efficace ?).

Sans une prise de conscience de l'ensemble des dirigeants, acteurs et spectateurs du sport, afin de freiner et de stopper cette spirale infernale, le mouvement ne pourra pas être endigué. L'exemple caricatural est donné par le dopage. Au fur et à mesure des progrès du contrôle antidopage l'emploi de substances nouvelles et indétectables (aujourd'hui les hormones) est avéré.

La société civile étale au grand jour ces scandales de corruption passive ou active. Le sport n'échappe pas à cet engrenage, en tant que produit social.

Que faire ? Il faut croire en l'homme, à sa faculté de se reprendre. Seules, l'éducation, la prévention et la foi en un avenir plus serein et moins agité peuvent sauver le mouvement sportif : il est malade mais sa survie dépend des mesures qui seront prises dans les années à venir.

mots-clés de la RÉPONSE	**VIOLENCE – TRICHERIE – CORRUPTION** **REMÈDES DIFFICILES À TROUVER – ÉDUCATION**

QUESTION 94

La société actuelle sécrète une violence certaine dans ses rapports sociaux. Le sport n'échappe pas à cette contamination.

1. **Comment peut-on expliquer la violence dans et autour du stade ?**
2. **Quelles mesures peut-on envisager pour l'enrayer ?**

mots-clés de la QUESTION

SOCIÉTÉ – VIOLENCE – EXPLIQUER – ENRAYER

1. La violence :

- 24 mai 1964 : à Lima, lors du match Pérou-Argentine, un but refusé aux Péruviens déchaîna la foule. Panique : 320 morts agglutinés contre les grilles en fer.
- 15 avril 1989 : à Sheffield (Angleterre) lors de la demi-finale de la Cup, 95 personnes périrent étouffées.

Ces deux rappels tragiques illustrent la violence des stades. Les phénomènes de violence et d'agressivité ne peuvent s'expliquer de façon directe : un fait entraîne telle chose ou telle cause entraîne tel événement. L'explication passe sans doute, par des circuits de causes, enchevêtrées les unes dans les autres (complexité).

1.1. L'environnement social

Chômage, incertitude sur l'avenir, manque de perspectives sont des arguments avancés pour traduire cette montée de violence. L'inaction et le sentiment d'abandon d'une partie de la société tentent d'expliquer certaines crises sociales comme le hooliganisme britannique des années 80 (à Liverpool, le taux de chômage atteignait 22 %,et 80 % chez les jeunes). La foule du stade permet d'exprimer son trouble et de se défouler dans l'anonymat.

Mais alors pourquoi le football anglais et pas le rugby anglais ? « Ainsi, la violence dans les stades ne serait que l'effet d'une pollution, celle de la société en crise répercutant en les amplifiant ses tares, ses drames dans l'espace festif du spectacle et du jeu », écrit Bromberger (ethnologue).

1.2. Les rassemblements de foule :

Le sport draine les foules à ses spectacles. L'ensemble des spectateurs participe à une « communion émotionnelle » : ils crient, hurlent, trépignent, applaudissent à l'unisson. Que sur le terrain, le spectacle devienne violence, par mimétisme, la tension monte dans les gradins.

De Coubertin parlait déjà de l'olympisme comme d'une religion. On y retrouve les fidèles, le lieu sacré (le stade comme temple ou cathédrale), le culte hebdomadaire (le match), les chants, les rites... Tous viennent communier et si nécessaire, pour certains, affronter le camp des fidèles adverses.

1.3. Le sport comme « ritualisation de la guerre » :

Le sport se pare des attributs des affrontements guerriers : « l'adversaire, la préparation commando, le gardien fusillé, le plan de bataille de l'entraîneur, la mobilisation générale quand tout va mal... ». Le sport n'échappe pas au langage guerrier : il est rivalité, affrontement. Que les médias en « rajoutent » et le match peut « sentir la poudre ». Le sport sécréterait sa propre violence.

1.4. L'environnement médiatique

La médiatisation extrême des événements sportifs tend à faire d'une simple rencontre entre sportifs un affrontement entre villes, pays, modes de vie par la médiation de deux équipes. Les journalistes, bien qu'ils s'en défendent, font dans la surenchère du sensationnel (voire l'outrance verbale) pour vendre l'événement.

Exemple : les Britanniques écrivaient sur l'équipe de France des années 70 : « la horde sauvage débarque ».

Naturellement, cette pression supplémentaire (inutile ?) sur les spectateurs peut entraîner des débordements.

2. Mesures pour tenter d'enrayer ?

- **persuader les athlètes que l'affrontement sportif n'est pas la guerre ;**
- **rappeler aux dirigeants et entraîneurs qu'ils ont un devoir moral à ne pas considérer la victoire à n'importe quel prix :**
- **persuader la presse de relativiser l'événement, d'éviter (voire bannir) les termes à « sensation » ;**
- **éduquer les spectateurs à respecter l'adversaire ;**
- **appliquer fermement le code du jeu en sanctionnant les acteurs fautifs contre l'esprit sportif :**
- **valoriser l'esprit sportif ;**
- **faire un travail d'éducation sportive auprès des jeunes.**

mots-clés de la RÉPONSE

ENVIRONNEMENT SOCIAL – FOULE – RITUALISATION
ENVIRONNEMENT MÉDIATIQUE – ÉDUCATION

QUESTION 95

Souvent on entend les parents déclarer : « Comme mon fils est bagarreur, je l'ai inscrit à l'école de sport pour le calmer ! »
1. Définissez l'agressivité et ses manifestations.
2. Pensez-vous que les A.P.S. canalisent les conduites agressives ou, au contraire, sont-elles un apprentissage de la violence ?

mots-clés de la QUESTION

AGRESSIVITÉ – MANIFESTATIONS – A.P.S. ET CANALISATION
A.P.S. ET APPRENTISSAGE DE LA VIOLENCE

1. Définition de l'agressivité et ses manifestations :

– Agressivité, agression, violence sont régulièrement confondues.

Pour le Larousse : « l'agressivité est la tendance à se livrer à des actes ou à proférer des paroles destinées à manifester de l'hostilité à l'égard d'autrui ».

Pour Laborit : « L'agressivité est l'état de crise provenant de l'impossibilité d'obtenir satisfaction par l'action gratifiante sur le milieu. »

Pour Porot : « Il existe, dans les conduites à caractère agressif :

- d'une part : les actes à caractère hostile, destructeur, malfaisant,
- d'autre part : les tendances actives tournées vers l'extérieur, affirmatives de soi, possessives, constructives et s'appuyant sur des besoins sociaux. »

➡ Les manifestations de l'agressivité :

- directes : violence – brutalité,
- indirectes : sournoise, perfide, calculée, différée,
- verbales : ironie, faux compliment, ricanement,
- non verbales : mimique, gestes (« bras d'honneur »).

2. L'A.P.S. et l'agressivité :

2.1. L'A.P.S. comme exutoire de l'agressivité :

C'est Aristote, le premier, qui a parlé de « catharsis ». Pour lui, le spectateur au théâtre, en assistant à la tragédie, se purifiait de ses émotions (il se déchargeait de ses passions). L'agressivité s'évacuerait comme un trop-plein.

Les études actuelles réfutent cette hypothèse. Au contraire, assister à un spectacle violent augmente l'agressivité des spectateurs. Les A.P.S. ne sont pas de simples lieux de décharge cathartique de l'agressivité. Certaines expériences ont même montré la recrudescence de la violence et de l'agression après la compétition sportive.

2.2. L'A.P.S. et la réaction à la frustration :

Exemple : quand un joueur est constamment empêché de réaliser les actions qu'il prévoit dans le match, il en éprouve un sentiment de frustration ou de colère et comme il ne peut compenser sa frustration en atteignant le but initial fixé, il transforme sa colère en agressivité vis-à-vis d'un autre joueur ou de l'arbitre.

2.3. L'A.P.S. comme apprentissage de la violence :

Si, dans la compétition sportive, l'enfant réussit par un comportement agressif et que celui-ci est valorisé par l'adulte, alors il intègre l'agressivité comme élément stratégique d'action.

En effet, en sport, l'enfant peut apprendre des comportements qui sont en contradiction avec les règles mais efficaces dans la recherche du succès. Il développe une agressivité instrumentale c'est-à-dire qu'il construit et incorpore des actes, ne relevant pas d'une expression de la colère mais d'une stratégie délibérée et efficace. L'enfant apprend la violence par la pratique. Naturellement, cette intériorisation varie d'un sport à l'autre (rugby et pétanque) et de la mentalité des pratiquants (d'autant plus tolérés dans les sports de contact : hockey sur glace, football, rugby...).

2.4. Commentaires

Le rôle de l'éducateur est fondamental : l'agressivité doit être mise au service de l'affirmation de soi mais en respectant les règles du jeu. C'est la COMBATIVITÉ : volonté de vaincre dignement, acceptation de la défaite. Le sport n'a pas de valeur éducative en soi mais celle-ci est dans la conception et l'usage qu'on en fait. Or l'éducateur n'est pas seul : la famille, l'école, la télévision doivent collaborer à l'émergence des valeurs qui fondent une société : respect de l'Autre, besoin de justice, sens de la vie et foi en l'avenir (et non approbation de la violence). Le rôle des « vedettes » sportives est fondamental pour aider la jeunesse à intégrer les valeurs du sport (le geste déplacé de CANTONA vis-à-vis d'un spectateur, lors d'un match de football, renie cette valeur éducative car amplifié et sur-médiatisé par la presse).

mots-clés de la RÉPONSE

AGRESSIVITÉ – AGRESSION – CATHARSIS – FRUSTRATION
APPRENTISSAGE – ÉDUCATION

QUESTION 96

La pratique de haut niveau amène certains athlètes à se doper pour réussir.
1. Donnez une définition du dopage et de ses motifs.
2. Quelle est votre position sur ce phénomène et pensez-vous qu'il soit irréversible ?

mots-clés de la QUESTION

DOPER – DÉFINITION – MOTIFS – POSITION – IRRÉVERSIBLE

1. Le dopage (articles L. 232 et L. 241 du Code du Sport) est considéré comme dopage le fait :

– d'utiliser des substances et procédés interdits ;

– d'administrer ou d'appliquer ces substances ou procédés (y compris aux animaux) ;

Aucun sport n'est à l'abri du dopage mais certains sports sont plus particulièrement concernés.

2. Les motifs du dopage sont clairs et connus de tous :

– enjeux financiers ;

– enjeux politiques (exemple : ex R.D.A.) ;

– enjeux sportifs (la victoire, le record) ;

– enjeux professionnels (être le meilleur) ;

– recherche du vedettariat (« starisation ») ;

– pressions médiatiques (télévision entre autres médias) ;

– calendriers sportifs surchargés ;

– société moderne actuelle (société de consommation de médicaments).

3. Le dopage est une tricherie car :

– il n'y a pas respect de l'égalité des chances entre les athlètes (ceux qui « en prennent » et les « propres ») ;

– cette pratique est anti-esprit sportif et contre le fair-play ;

– elle est tromperie du public qui ne sait plus qui est « propre » ;

– elle est amorale car opposée à l'éthique sportive.

4. Dopage irréversible ?

Cette pratique est loin d'être abolie et risque de perdurer encore pendant de longues années :

- le contrôle anti-dopage est toujours décalé par rapport aux produits utilisés (aujourd'hui l'hormone de croissance et l'érythropoïétine ne sont pas recherchées) ;
- les moyens de la lutte sont dérisoires comparés aux sommes investies dans les grands événements ;
- l'hypocrisie des pays est manifeste (voir Chine et Pays de l'Est dans les dernières années) ;
- les calendriers sportifs sont démentiels ;
- les investissements financiers des sponsors, avides de résultats, sont trop alléchants pour la cupidité de certains athlètes ;
- les dirigeants sont cyniques et trop faibles pour oser prendre les mesures nécessaires malgré les apparences ;
- trop de médecins sont complices (ils préfèrent parler de « recharge biologique ») ;
- la presse manque de rigueur en ne dénonçant pas suffisamment les tricheurs ;
- les champions sont coupables de céder à la facilité, lorsque leur état de forme est déficient ;
- le public est trop « accro » d'exploits sportifs et ne s'étonne plus des performances extrêmes ; il n'accepterait sans doute pas un retour en arrière.

Malgré une législation française ancienne (1965) et évolutive, le dopage demeure une gangrène du sport dont l'éradication ne pourra se faire que par une prise de conscience mondiale du fléau et impliquant États et organisations sportives internationales (création de l'AMA : Agence Mondiale Antidopage et de l'ALFD).

mots-clés de la RÉPONSE

ENJEUX - PRESSIONS MÉDIATIQUES - CALENDRIER
TRICHERIE - HYPOCRISIE

QUESTION 97

Le « Service Jeunesse » de votre municipalité fait appel à vous pour intervenir dans un quartier défavorisé de la ville.
1. Faites une analyse du public dit « jeunes défavorisés » ? Caractérisez sa pratique sportive.
2. Pensez-vous être amené à adapter votre mode d'intervention comparativement à celui utilisé dans un club traditionnel ?

mots-clés de la QUESTION

QUARTIER DÉFAVORISÉ – ANALYSE – PRATIQUE SPORTIVE
ADAPTER SON MODE D'INTERVENTION

1. Le public de « jeunes défavorisés » :

– Les jeunes défavorisés montrent par leurs comportements des signes évidents de :

- désinsertion sociale,
- indétermination vis-à-vis de l'avenir (pas de perspective professionnelle),
- désintégration des normes sociales (anomie),
- sentiment de frustration et de révolte (abandon).

– Les causes conduisant à cette marginalisation :

- la métropolisation des cités : urbanisation excessive et ségrégation sociale,
- la crise économique avec son cortège de chômage, paupérisation, tensions inter-ethniques ou rupture familiale.

– La pratique sportive :

- plutôt une pratique « sauvage » avec un refus évident de récupération par les adultes,
- pas d'arbitre, pas de règles codifiées, pas d'entraîneur, imposés de l'extérieur ➡ rien de structuré, d'organisé comme dans une association,
- pas d'acceptation de l'organisation traditionnelle de l'Association sportive,
- pas d'acceptation de la structure classique des séances : échauffement – travail technique et pratique – mais envie d'un PLAISIR immédiat par une entrée directe dans le jeu,
- un refus d'une autorité « extérieure » (sorte de défi),
- déroulement dans des espaces dits « sauvages » (parking de supermarché, trottoirs, voies piétonnes...),
- recherche d'autonomie, de liberté, d'innovation.

2. Mode d'intervention :

L'approche de ce public de jeunes défavorisés induit un changement d'attitude en tant qu'animateur sportif.

En effet, dans un club sportif traditionnel, la finalité est d'aider de jeunes volontaires à développer leurs compétences afin d'accéder à une performance, la meilleure possible (avec des critères institutionnels reconnus).

En milieu « ouvert », il s'agit essentiellement d'aider des personnes à trouver un chemin d'insertion avec les A.P.S. comme moyen d'expression. L'animateur essaie de partir des demandes des jeunes eux-mêmes pour développer un projet particulier (négociation). Il favorise et déclenche la discussion avec les jeunes, découvrant leurs attentes et aidant à leur émergence, sans s'enfermer dans de rigides schémas fédéraux.

Cette entrée préliminaire dans l'activité exige une ouverture d'esprit et une capacité d'écoute, une envie d'aller vers les autres nécessitant patience et humilité. L'imposition de normes fédérales, admises d'évidence dans l'association traditionnelle est vécue comme négative (tentative de récupération).

L'éducateur sportif n'agit pas seul évidemment : il travaille en synergie avec les animateurs habituels du quartier, connaisseurs éprouvés des demandes des jeunes.

N.B. : Malheureusement, il n'existe aucune formation spécifique pour l'animateur de publics en difficulté (hormis ce module du tronc commun) et seule, la pratique de terrain et l'expérience directe en situation permettent d'en connaître les caractéristiques et les attentes et d'en déduire les attitudes pédagogiques pertinentes.

mots-clés de la RÉPONSE

SENTIMENT D'ABANDON – CRISE ÉCONOMIQUE
PRATIQUE SAUVAGE – NÉGOCIATION – PRÉALABLE
ÉQUIPE D'ANIMATION

QUESTION 98

Les A.P.S. sont présentées comme un moyen privilégié d'insertion sociale pour les jeunes en difficulté des quartiers dits défavorisés.

1. Que peut apporter le sport en regard des problèmes vécus par ces jeunes ?

2. Quelle analyse personnelle en faites-vous ?

mots-clés de la QUESTION

A.P.S. - MOYEN PRIVILÉGIÉ - INSERTION SOCIALE JEUNES EN DIFFICULTÉ - APPORT DU SPORT - ANALYSE

1. Apport des A.P.S. :

Les A.P.S. peuvent permettre à des jeunes de s'approprier certaines valeurs fondamentales :

- respect des règles,
- respect des autres,
- respect des installations, du matériel,
- appartenance à un groupe (l'équipe),
- sentiment d'être reconnu pour sa valeur,
- apprentissage des « devoirs » pour une pratique plus efficace : hygiène de vie, tenue adaptée...,
- gestion d'un projet personnel d'avenir,
- appropriation d'un centre d'intérêt,
- apprentissage de la tolérance .../...

2. Analyse :

L'utilisation des A.P.S. comme moyen d'insertion répond à un pré-supposé : les A.P.S. sont porteuses de valeurs sociales (et socialisantes) donc les faire pratiquer serait valorisant et éducatif.

« Le sport est par excellence l'école où se coudoient l'entraide et la concurrence, ces deux piliers essentiels des sociétés démocratiques » écrivait déjà De Coubertin. Le sport est paré de vertus saines :

- respect de l'adversaire,
- acceptation des règles, des décisions de l'arbitre
- dépassement de soi,
- altruisme .../...

Cette immanence (contenue dans la nature même du sport) de valeurs éducatives légitime son utilisation dans des programmes d'insertion de publics en difficulté.

Cet idéal coubertinien n'est pas unanimement partagé. Pour certains même, le sport est facteur de répression et d'aliénation dans la mesure où il véhiculerait les valeurs des classes dominantes : culte du plus fort et marginalisation des plus faibles.

Il faut éviter d'avoir une pensée simplificatrice : il n'y a pas de relation directe de cause à effet entre la pratique d'un sport et des progrès éducatifs : le sport n'est pas intégrateur par essence. S'il est parachuté, utilisé comme opération « coup de poing » ou « coup médiatique », sans être inscrit dans un projet social et une perspective d'éducation, il demeure étranger aux aspirations du public qu'il est censé aidé.

Les A.P.S. deviennent moyen d'insertion si elles sont un des maillons d'une chaîne solidaire prônant la réussite sociale de tous comme objectif prioritaire. Si le sport insère, c'est en intégrant chacun à sa place sociale.

Autrement dit, les A.P.S. ne peuvent jouer les « pompiers de service » pour prévenir les étés chauds des banlieues.

Faire un match de basket dans la rue ou faire du skateboard « à fond » sur le trottoir, n'ont aucun effet cathartique des pulsions (voir question E.Sp 95). Les A.P.S. sont un moyen possible d'accès à l'autonomie personnelle, à l'apprentissage des règles et normes sociales (éducation de la citoyenneté) dès lors qu'elles sont éléments d'un projet global incluant sentiment d'appartenance à une société plus égalitaire et prise en compte des aspirations des plus défavorisés (sans oublier la revalorisation du cadre de vie).

mots-clés de la RÉPONSE	VALEURS FONDAMENTALES DU SPORT PROJET ÉDUCATIF GLOBAL

QUESTION 99

Un directeur de M.J.C. (Maison des Jeunes et de la Culture) située dans un quartier défavorisé recherche un animateur sportif. Lors de l'entretien d'embauche, il vous interroge sur votre connaissance de ce public et sur les qualités professionnelles et personnelles requises pour un tel poste.
Présentez votre argumentation (illustrez avec un exemple).

mots-clés de la QUESTION

QUARTIER DÉFAVORISÉ – ANIMATEUR SPORTIF
QUALITÉS PROFESSIONNELLES ET PERSONNELLES – EXEMPLE

1. Connaissance du public :

Exemple : déroulement d'un match de « basket-ball de rue ». La pratique se passe en dehors de tout réseau organisé. Il y a regroupement des jeunes sur le terrain de la cité : un « playground » ou un terrain flanqué de deux panneaux sans limites véritablement tracées. Ne viennent jouer ici que les habitants du quartier.

Avant la rencontre, il y a discussion, concertation sur le nombre de joueurs (5 à 10 par équipe), sur les règles autorisées. L'arbitre est coopté (comme aux premiers temps de la naissance du sport ➨ voir E.Sp 89). Autrement dit, ils s'accordent sur le règlement, celui qu'ils veulent s'appliquer.

Pas d'échauffement, pas de travail technique préalable. C'est le plaisir immédiat qui est recherché, celui du défi ponctuel (ici et maintenant), sans encadrement.

Cet exemple simplifié montre la différence nette qui sépare la pratique « libre » (en milieu ouvert) à la pratique de club (en milieu associatif). D'un côté le plaisir direct (le fun) aux règles négociées (durée du match, équipiers...)et d'un autre côté la rencontre planifiée, aux règles codifiées et à l'encadrement nettement identifié.

2. Qualités requises :

– professionnelles :

- compétence technique certaine mais sans s'enfermer dans des schémas fédéraux trop stricts (utilisation de la discipline comme référence),
- avoir un bon contact pour déclencher, favoriser et impulser la discussion avec les jeunes,
- ainsi, être capable de décoder une demande pour la transformer en projet clair : mise par écrit, établissement d'un budget, défense en réunion avec des élus,
- savoir travailler en équipe avec les autres animateurs du quartier,
- savoir évaluer les actions engagées et faire un bilan objectif,
- être capable d'imagination, création, anticipation :

– personnelles :

Elles sont semblables à celles demandées à tout éducateur :

- ouverture d'esprit,
- capacité d'écoute,
- sens du public (notamment ce public marginalisé),
- patience et diplomatie (négociation),
- humilité (ne pas se prendre pour LE modèle à suivre),
- force de caractère (capacité de défendre une idée),
- capacité à gérer un conflit .../...

L'éducateur sportif breveté d'État possède tous les atouts techniques, pédagogiques et pratiques pour aider les jeunes des milieux défavorisés dès lors qu'il est capable d'analyser sereinement les attentes de ce public auquel il peut apporter ses connaissances mais sans vouloir imposer ses méthodes de club, sa « science fédérale » et son contenu technique rigide.

mots-clés de la RÉPONSE

PRATIQUE « LIBRE » – CONTACT – TRAVAIL D'ÉQUIPE
OUVERTURE D'ESPRIT – CARACTÈRE – ADAPTATION